U0612021

管理的根本问题是效率问题

王志军　吴宏彪 著

北京理工大学出版社
BEIJING INSTITUTE OF TECHNOLOGY PRESS

图书在版编目（CIP）数据

管理的根本问题是效率问题 / 王志军，吴宏彪著. —北京：北京理工大学出版社，2012.1

ISBN 978-7-5640-5163-1

Ⅰ.①管… Ⅱ.①王… ②吴… Ⅲ.①企业管理 Ⅳ.①F270

中国版本图书馆CIP数据核字（2011）第195015号

出版发行 / 北京理工大学出版社

社　　址 / 北京市海淀区中关村南大街 5 号

邮　　编 / 100081

电　　话 / （010）68914775（办公室）68944990（批销中心）68911084（读者服务部）

网　　址 / http：//www.bitpress.com.cn

经　　销 / 全国各地新华书店

排　　版 / 博士德

印　　刷 / 三河市华晨印务有限公司

开　　本 / 710 毫米 ×1000 毫米　1/16

印　　张 / 19

字　　数 / 320 千字

版　　次 / 2012 年 1 月第 1 版　　2012 年 1 月第 1 次印刷　　责任校对 / 陈玉梅

定　　价 / 36.00 元　　责任印制 / 边心超

前言

谁有效率，谁就是下一个杰克·韦尔奇

在管理界有一个很古老的命题：“管理究竟是技术还是艺术？”事实上，不论是认同管理是一门技术的人，还是认同管理是一门艺术的人，都不得不承认管理的根本问题就是效率问题。所以，世界管理学大师杰克·韦尔奇说：“管理企业的本质就是不断地提升企业的效率，用效率来赢得竞争力，最后成功发展下去，这就是一个优秀企业管理者最应该做的事情。”

世界管理学大师彼得·德鲁克说过：“在企业这个层级组织当中，企业管理者处于组织的最上端，但是他的作用却贯穿整个组织的各个阶层，而他们对于企业所做的最大贡献就是在保持层级组织的稳定的同时，让这个层级组织在高效的状态下快速运行。”可以说，彼得·德鲁克的话一语击中了管理的最本质问题——管理的根本问题就是效率问题。

莎士比亚曾经说过："放弃时间的人，时间也会放弃你。"在所有的资源当中，最重要的莫过于时间，而时间恰巧就是提升效率的基础。换句话说，掌控不了时间就无法提升效率，因为任何一种工作都离不开时间，任何工作都要在规定的时间内有效地完成。

有人说，中国根本就不缺乏优秀的经理人，中国所缺乏的只是优秀的职业经理人。这是为什么呢？一个很重要的原因就是中国的经理人都缺乏提升效率的意识。很多经理人都存在一个非常普遍的问题，即他们关心利润胜过于关心企业的生产经营效率。殊不知，利润其实就是效率的"战利品"，有了效率就有了利润。反之，没有了效率，利润就难以保障。所以，对于任何一个企业管理者而言，一定要将提升企业效率作为自己工作的第一职责。

可以说，管理是每一个企业最永恒的主题，任何一个企业管理者都离不开管理规律和管理思想，而这些都是为提升企业效率服务的——追根溯源，企业管理者要做好企业，要谋取利润，就应该以提升企业生产经营效率为第一要务。

众所周知，企业管理的最高境界就是打造一种能够让企业永葆基业长青的企业文化、企业精神，而这种文化和精神必须以提升企业效率为目标——当企业发展到一定的规模时，企业就要改变之前的策略：小企业卖产品，大企业卖效率，而企业文化和企业精神就是企业效率的催化剂。然而，纵观当前中国企业的发展历程，很多企业在打造自己企业文化时，往往忽视了企业文化对于效率、品牌等因素的重要性，最后让效率成为企业发展的"瓶颈"。所以，对于中国大多数的企业管理者来说，最应该做的就是打造能够提升企业生产经营效率的企业文化。

事实上，随着当前社会竞争变得越来越激烈，效率对于企业管理者而言已经显得非常重要。由于每一个企业管理者在一天的工作中其效率的不同，所以最终其工作效率也是不同的。譬如说，有的企业管理者每天都会从早忙到晚、废寝忘食、兢兢业业，但是工作却总是做不完，因此企业效率就是提升不上去；有的企业管理者平时总是很清闲，看看文件，听听报告，但工作很少积压，而企业的效率却是非常不错。这是为什么呢？答案就是，前者是工作效率很低的企业管理者，后者是工作效率较高的企业管理者，效率上的差别最后导致了工作状态以及业绩上的差别。

很多的企业管理者都希望自己的企业能够进入世界500强，希望自己能够成为像杰克·韦尔奇一样伟大的企业管理者。也许他们在实际管理工作中借鉴了杰克·韦尔奇等世界传奇管理学大师的理念与经验，但他们却很少能把握管理中的本质，即效率问题。这主要是因为他们都将注意力更多地倾注到利润上，而没有倾注到企业效率的提升上。所以，对于他们来说，谁想成为下一个杰克·韦尔奇，谁就要比别人更注重效率。

本书的核心思想就是“如何提升管理者与企业的效率”，全书分十二章来介绍提高企业管理者和企业整体效率的相关理论、技巧和方法。在内容上，不仅仅体现了效率意识和目标的设置以及任务的划分等，而且从根本上解决了企业管理者和企业整体如何提升企业效率的问题。所以说，本书无疑是一本能够让企业管理者的管理水平大大提升的超级“宝典”。

最后，由于编者水平有限，书中难免出现纰漏，欢迎广大读者指正。

目录

第一章 管理关键在于效率：管理的最高境界就是高效

第二章 落实是管理的命脉：落实到位是提升效率的关键

第三章 有效管理时间：打造单位时间里的最高效率

第四章
高效管理是对客户最好的回报：客户只认可最高效率的管理团队

第五章
有效沟通才能产生有效管理：高效是有效沟通的战利品

第六章
超级竞争产生终极高效：靠竞争提高效率

第七章

高效的团队是赢家，低效的团队是输家

第八章

战略决定工作时效：战略决定方向，更决定利润

第九章

效率拼的就是细节：细节凝聚工作效率的高低

第十章

对效率进行考核：绩效催生高效率

第十一章

创新的本质就是提升工作效率：创新催生效率

第十二章

高效会议产生高效价值：高效会议是提高效率的最好方式

1 第一章 管理关键在于效率：管理的最高境界就是高效

世界著名管理学大师杰克·韦尔奇说："效率就是利润的催化剂，优秀的企业都是高效率的企业。"换言之，效率就是企业获得不断发展的竞争力的关键因素。对于任何一个企业管理者而言，衡量其是否是一个优秀合格的企业管理者的重要条件就是——他在管理期间有没有提升企业的效率！管理的关键就是效率。因为一个没有效率的企业管理者是不可能打造出一个有效率的企业的，所以对于任何一个企业管理者而言，要想让自己成为一个出色的企业管理者，就应该先让自己的企业成为高效率的企业。

1. 效率就是管理的生命线

效率就是企业管理的生命线。企业管理的过程就是提升企业效率的过程，即通过整合企业各种资源，增加企业的执行力，提升企业产品的质量、企业的生产速度以及增加企业的利润，从而满足企业的发展和客户的需求，最终获得企业和社会创造出的价值和财富。此外，每一个管理者都应当将企业本身看作是一个“生命的有机体”，而效率就像企业跳动的脉搏——假若一个企业的脉搏很弱，那么这家企业肯定难逃破产的厄运。

世界著名管理学大师彼得·德鲁克说过：“效率就是企业的终极生命力，如果一个企业管理者不能有效地提升企业的效率，那么他的管理就是无效管理，其自身也是一名失败的企业管理者。”所以，对于每一个企业管理者而言，提升企业的效率就是他们工作的根本，也是他们不懈奋斗的终极目标。

GE公司是世界500强企业排名最前的几家公司之一，在谈及GE公司的成功之道之时，其前总裁世界著名管理学大师杰克·韦尔奇的解释是："在GE公司的发展理念中，不断地提升企业效率的理念一直是其核心价值观的重要组成部分。"

在GE公司中，每当新员工在进入GE公司之时，其上司在第一堂培训课上告诉他们的话就是："如果你想在GE公司中长久地做下去，并且有志向成为GE公司中最优秀的一员，那么你就应该将提升效率当作工作的座右铭，因为效率的背后往往体现出业绩和个人的努力程度。"可以说，在GE公司中，不管你是来自一所不知名学校的学生，还是来自哈佛大学的高材生，只要你能够为提升企业效率而努力奋斗，那么你在GE公司就能获得尊重与赏识，从而在GE公司很好地工作下去。所以，GE公司中的管理者都以提高企业效率为目标，而员工也都以提高自己的工作效率为目的，正是这种以效率为发展标准的方式让GE公司获得了很强的市场竞争力，能够一直保持在世界500强企业的前列。

效率就是一个企业发展的根本动力，也是一个企业管理者工作的终极动力。很多的企业管理者在工作中总会制定很多的计划和目标，但是这些计划和目标却因为没有和效率联系起来，最终都成为无效计划和无法实现的目标。

IBM公司一直都是IT行业中的"巨无霸"型企业，IBM之所以能够保持其在国际IT行业中的竞争力，一个很大的原因就是因为该公司在制定每一项计划和发展目标的时候，都是以效率的提升为前提。

IBM公司的每一个员工的薪水涨幅都是以效率值的提升为主要的参考指标的。该公司的每一个员工在进入工作岗位之后，都要制定一份《个人效率提升计划书》，即员工在这个效率提升计划书中，为自己设置一个效率提升值，然后朝着这个目标去努力工作。

实际上，IBM公司员工所制定的效率提升计划就是一个企业不断提升竞争力的互动过程。在员工制定《个人效率提升计划书》的时候，他们都会和自己的直属上司共同商讨，最后再将一个双方都认可的效率提升值作为目标值。上司们仅凭这张《个人效率提升计划书》能直观地知道员工有哪一方面需要去提升，而员工也能够清楚地看到自己需要怎么去做才能够将目标落实到位。可以说，这份《个人效率提升计划书》就像“军令状”，员工在签字的那一刻起就开始为提升企业的效率而努力工作。

“没有效率的企业就是一个等待死亡的生命，提升企业的效率就是为企业不断地输血，直到让企业重新焕发出活力。”微软前总裁比尔·盖茨这样阐释自己对于效率的理解。实际上，效率就是企业管理的生命线，因为企业的效率越高，说明企业这个组织的运转情况越良好。

在企业的发展过程中，提升企业的效率就是企业获得良好发展势头的根本保证。世界著名管理学大师彼得· 德鲁克曾经做过这样一项实验：连续十年跟踪观察100家美国大型企业，考察企业效率的高低对于企业的影响是不是足以致命的。而彼得·德鲁克最后调研的结果是：破产的27家企业中，无一例外都因效率低下而倒闭。

企业的效率低下，最明显的影响就是企业的生产水平非常的低下，而且企业管理者的管理水平普遍不能够适应企业的管理要求。一般来说，企业管理效率低下的主要表现就是：员工的积极性不够高，总是抱着“做一天和尚撞一天钟”的心态，他们很少为企业的发展着想，不积极主动地提升自己的工作能力，也不向企业管理层提出自己对于企业改进的意见与想法，总是和企业管理层保持着一定的距离，甚至站在彼此的对立面；企业的生产设备更新不够及时，机器老化、生产水平低下；

企业管理者不思进取、尸位素餐，对于企业的制度建设不够用心，总是抱着“睁一只眼闭一只眼”的态度，在工作中精神不集中，无法为提升企业的效率制定出有效的决策；企业文化极度落后，甚至缺失，直接导致企业没有提升效率的文化氛围与文化基础。

实际上，在上述的这些造成企业效率低下的原因中，一个最为根本的原因就是企业管理者不能够胜任——在工作中不能够制定出提升企业效率的管理策略，最终导致企业因为效率低下而死亡。所以说，效率就是企业管理的生命线，只有以提升企业效率为目标的管理者，才是能够让企业永葆基业长青的优秀管理者。

2. 绩效管理：当前世界上最能够提升效率的管理模式

效率是企业提升自身竞争力的基础，已经越来越被企业管理者们所重视。在当前这个竞争日益激烈的现代市场环境下，如何让企业保持高效的生产模式已成为验证企业管理者能力高低的重要标准。因此，为了解决企业的效率问题，摒除过去传统企业在以产量为中心的管理模式下所引发的效率低下，经济学家根据现代企业管理理论提出了新的管理模式——绩效管理。

"绩效管理"就是指在彻底分析企业的层级组织以及组织流程的基础上，对组织的效率进行分析、评估和规定，从而提升企业的效率，将企业打造成为一个高效的组织。绩效管理的精髓就是将企业的效率问题作为核心问题，企业的发展建立在效率的基础上，在工作中突出效率的作用，从而打造出一个高利润、高速度、高质量和高执行力的"四高"型企业，从而让企业获得强大的市场竞争力。

香港医院管理局为了提升自身的管理效率，在进入2000年之后，开始逐渐引进绩效管理模式。在2010年，香港医院管理局为了进一步完善绩效管理模式，斥资1.3亿港元建造了统一采购系统，淘汰了之前各个部门分散采购的系统，使得医院物资管理立刻变得高效起来——医院的各个部门和每一个产品供货商都能够直接登陆双方的交易平台，这也使得香港各家医院的所有系统的效率得到整体的大幅度提升。

香港医院管理局在采用统一采购系统之后，其处理文件的时间直接缩短了45%，各个医院手术室用品的库存直接减少了30%以上。而且新系统更是加强了医疗用品的记录追踪——新系统以条形码的取缔纸张作为记录，严格记录了医疗用品的出厂时间、出厂批次以及有效日期等，当医疗事故发生之时，医院便可以大大减少事故追踪问题的时间，而且也能够让医疗用品供应商们及时发现市场空缺，及时配送。

接受记者采访时，香港医院管理局总行政经理王绍强说："我们医院以前的发货订单发出之后，供货商要4～6天才能够将货物送达。在新系统建成之后，效率大大提升，仅仅需要1.5天就能将货物送达，而且新系统使得效率管理的模式进一步完善，业绩也都得到了很大的提升。"

1954年10月，美国通用公司是第一家采用计算机来计算员工薪酬的公司，这一改进开启了计算机进入企业管理的新潮流，也是一个企业管理新时代的开幕——将新技术用于企业效率管理后，会引发一场效率提升的革命，这就使效率管理逐渐成为企业管理者最为关心的问题。在全面引入计算机技术之后，美国通用公司的各项效能都得到了很大的提升。根据美国通用公司的统计，计算机技术的引入使得其效率提升了近137%，而这仅仅是人力效率上的提升，还不算其他方面的提升。

我们可以从香港医院管理局和美国通用公司的案例中看出：实施绩效管理是当前企业以及其他组织机构的最佳管理模式，因为绩效管理模式能够从根本提升企业的效率，增强企业在市场中的核心竞争力。

从现在的管理学角度来看，企业管理者在企业中建立绩效管理模式已变得不可或缺。因为绩效管理模式能够使企业从人力和物力两方面去提升其效率，而这两个方面已经涵盖了企业的各个方面的效率问题。换句话说，经营企业就是对企业的人力和物力的高效率利用过程。所以说，现在企业管理者要想让企业在高效的状态下良好运行，那么，他就必须成为一名绩效管理模式的“引入者”和“建立者”。下面我们就来看看效率管理模式对于企业的重要作用：

（1）绩效管理模式通过提升人的效率来增加企业的效率。

在任何一个企业中，人都是这个组织中最为主要的因素——员工是企业中最为活跃的因素。

众所周知，企业管理归根结底就是对于员工的管理。也就是说，只要企业管理者能够将员工管理好，能够提升员工的工作效率，那么，企业的效率就能够获得提升，就能够提高企业的市场竞争力。

每一个员工都有可能潜藏着很大的创造性和能动性，这就要求企业管理者能够大大激发员工的积极性，让员工积极主动地发挥自身的创造力和能动性，从而提升员工的工作效率。

企业管理者在提升员工的工作效率之时，可以通过明确员工职责，建立先进合理的工作规章制度和优秀的企业文化以提升员工的工作效率，做到人尽其才。可以说，管理者只有明确企业中的每一个员工的岗位责任，并且通过规章制度将员工纳入一个高效的工作秩序中去，最终企业管理也会随着员工工作效率的提升而变得越来越高效。

（2）绩效管理模式通过提升物资的使用效率来增加企业的效率。

对于任何一个企业管理者来说，物资的使用是企业管理中的另一个重要因素，而且是一个与人力因素相对应的重要条件，即是企业经营管理活动中最不能缺少的物质成分和物质条件的总和。在现代企业管理中，物资不仅仅是指企业的物质生产资料，而且包括整个企业管理系统中人的因素之外的那一部分管理物质成分。比如说，原材料也被视作物资，也是一种物质上的管理对象。

从现代管理学角度去看，任何一个成功企业都不会将高耗能的方式作为企业的发展之路，因为高耗能的企业通常都使得大量利润随着“物”的利用效率低下而被浪费掉。所以，在现代企业管理理论中，将企业管理成本和企业生产成本作为挖掘企业发展竞争潜力的一个重要途径。换句话说，提升企业的效率最重要的一个方面就是提升企业的物资的有效利用率，进而使得企业能够在非常严酷的市场竞争中保持效率上的优势。

通常来说，企业管理者提升物资方面的效率，应该是管理好、使用好生产设备、生产资料和资金，尽可能地去提高管理的效益，降低企业的管理成本——科学地管理和合理地使用物资将会最大限度地提高企业的效率。

3. 文化的力量：追求高效率应该成为企业最核心的精髓文化

根据世界著名管理学家，迈克尔·波特的统计：全世界每年都有超过1500万家的企业走向倒闭的命运，这些企业中有86%的企业运营时间还不到5年，11%的企业是在5～10年之间消亡的，而有3%的企业是10年以上的企业。在研究这些倒闭的企业后，迈克尔·波特发现：这些企业几乎都因效率低下而倒闭，其效率低下的一个重要原因就是因为这些企业没有建立一种以追求高效率为核心的企业文化——追求高效率的企业文化能够让企业管理发挥巨大的作用，从而打造出高效率的企业。

众所周知，企业文化就是一个企业的精神支柱，是企业的灵魂。企业文化这一战略性的“软资源”，其实质就是一个企业的价值观的浓缩。当企业拥有了追求高效率的核心文化，那么企业中的所有成员都要有一个统一的价值观——以高效率创造高价值。所以，对于任何一家企业的管理者来说，要想打造出一支高效率的企业，就必须创立追求高效率为核心的企业文化。

在索尼的发展历程中，以高效为核心的企业文化就一直是其不断取得辉煌业绩的主要原因。有着“经营之圣”的索尼创始人盛田昭夫曾经这样说过：“企业的精神中没有一种对效率的追求，那么企业就很难发展起来，而且总是因为竞争对手的高效精神而恐惧。”

1946年，盛田昭夫创立了“东京通信工业株式会社”，即索尼公司的前身。在盛田昭夫创立索尼公司的前十年，因为其生产的黑白电视机销售得非常火爆而取得了惊人的业绩。但是在这十年当中，盛田昭夫却因为黑白电视机的畅销而忽视了建立以追求高效率为目标的企业文化的重要性。

直到1955年的时候，盛田昭夫才发现，效率问题已经成为制约索尼实现进一步突破的“瓶颈”。当时索尼公司已经开始出现了严重的业绩下滑问题，由于竞争对手的日益强大，索尼的黑白电视机在市场上所占的份额也越来越小。由于管理者的管理以及员工的工作效率低下，导致企业的生产技术也不够先进。就是在这样一种状况下，盛田昭夫痛定思痛，决定开始培养索尼的每一个员工高效率的意识，让索尼公司拥有追求一种以高效率工作为目标的文化、精神。

在盛田昭夫的努力下，索尼开始创建其追求高效率的企业文化。经过一年多的努力，索尼公司的面貌开始焕然一新，从盛田昭夫到普通员工，每一个人都将提升工作效率作为自己的奋斗目标，索尼的产品技术开发能力也大大增强。1956年的时候，索尼公司研制出全球第一台晶体管收音机，索尼的产品开始在市场上风行起来。但是，这一次成功并没有让盛田昭夫自满，因为他明白：今天的成功就源于高效率的企业文化，要想继续辉煌下去，就必须继续发展追求高效率的企业文化。所以，在此后的数十年中，盛田昭夫都在为提升索尼的效率和打造高效率的企业文化而努力。而盛田昭夫的努力也得到了应有的回报，在此后的数十年中，索尼不但成为日本企业中最高效的企业，而且也成为全球追求高效率企业文化的代表性企业，创造了被世人称道的“索尼神话”。

我们可以从索尼公司的案例中看出：企业若想取得长久的发展，就必须拥有追求高效率的企业文化，因为追求高效率的企业文化是企业管理的基础，更是企业永葆基业长青的基础。

作为一名企业管理者，创建优秀的企业文化是自己的职责之一，而且是最重要的职责之一。换句话说，如果一个企业管理者忽视了追求高效率的企业文化，那么他就是一个不称职的企业管理者，一个失败的企业管理者，这样的企业管理者注定是使企业走向衰落的“罪魁祸首”。那么，一个企业管理者该如何做才能创建追求高效率的企业文化呢？

（1）追求高效率的企业文化是一种精神，不是一种“装饰品”。

在当前的企业管理中，我们总是能够看到很多将追求高效率的企业文化视作“装饰品”的企业管理者，他们最突出的特点就是整天对着所有人高喊：要追求高效率！要创建高效率的企业文化！可是自己从来都不去做，使得企业一直无法创建追求高效率的企业文化。

换言之，将追求高效率的企业文化当成一种“装饰品”的管理者，其目的就只是做做样子给员工、客户及股东们看，只要能够保持自己管理者的位子就可以了。由此可见，这样的企业管理者通常不是工作能力不够，而是个人素质太低——他们连最基础的职业精神都没有，仅仅是为了管理而管理，不够敬业，也没有激情。所以说，这样的企业管理者只能是让企业的效率下滑的“拖动者”，而不是让企业效率上升的“推动者”。

正因为如此，企业管理者要想让企业的效率不断地提升，创建一种追求高效率的企业文化，就必须将追求高效率的企业文化当作一种精神，而不是一种“装饰品”。

（2）努力推动企业的内部建设，应该将追求高效的企业文化推广至企业的各个阶层。

对于企业管理者而言，要想将追求高效的企业文化成功植入企业中，那么就必须努力地推动企业的内部建设。然而，企业管理者努力地进行企业内部建设，就是要将企业所倡导的高效生产经营理念和内容有效地传达给每一位员工，并且让员工在工作中注重提升自己的效率，潜移默化地养成一种高效率工作的习惯。经过长时间的沉淀，这些倡导与鼓励高效率生产经营的理念和内容都成为企业文化中的重要组成部分。

比如说，ESPON公司一直都非常强调高效生产经营的理念，为了将这种文化精神传递给每一个员工，公司管理层制定了一项非常独特的规定——每一个员工在每个月都会领到一份意见书，这份意见书上清楚地标出了该员工在哪些方面的效率有待提升，哪些方面的效率已经出现下滑，规定员工在下一个月的工作中必须按照意见书上的内容去改进。结果是：ESPON公司的员工都非常注重工作效率，企业中也形成了追求高效率的企业文化。

（3）努力推动企业的外部建设，应该将追求高效的企业文化推广至企业的各个阶层。

同样，对于企业管理者而言，要想将追求高效的企业文化成功植入企业中，就必须努力地推动企业的外部建设。在植入追求高效的企业文化的过程中，努力地进行企业的外部建设，就是指企业将所倡导和鼓励的追求高效率的企业文化精髓，通过有效的渠道传递给市场，让企业在市场上拥有追求高效率的好品质。这样一来，客户就会对这家企业产生高品质的好印象，因为那些高效率的企业都是生产精品的大型企业。更为重要的是，给外部留下高品质的好形象能够激发整个企业创建高效率文化的激情，从而让整个企业的所有人都为企业打造高效率生产经营的企业文化理念而努力。

总而言之，追求高效的企业文化就是不断提升企业效率的主要推动力。所以，对于任何一个立志于最大限度地提升企业效率，创建高效率生产经营理念的企业文化的企业管理者来说，他们最应该做的就是重视企业文化的力量，用企业文化的力量助企业效率的提升“一臂之力”。

4. 高效管理是企业管理者表现出色的重要标志

著名管理学大师彼得·德鲁克说过："在企业这个层级组织中，真正起决定作用的就是处在层级最上端的企业管理者，他们如果能够将管理的作用发挥到最大，那么这个企业自上而下都处在一种高效状态之中。"

实际上，企业能否在高效率的状态中运营，是考核一个企业管理者是否称职的重要标准。哈佛大学商学院教授迈克尔·波特认为："管理的本质就是对于效率的提升，工程师改进机器让生产力更高，工人增加自己的能力是为了让自己更高效，这些都和企业管理者是一样的，当然管理者的目的就是让所有人都高效，而高效也是管理作用发挥到最大时候的体现。"

因此，可以说，任何一个企业管理者都要明白这样一个道理—高效就是将管理的作用发挥到最大，这是他们表现出色的重要标志。

1904年，别克汽车公司被当时美国最大的马车制造商威廉·杜兰特花巨资买下来。在买下别克汽车公司之后，杜兰特亲自出任总经理一职。虽然当时的杜兰特有着美国第一马车制造商的头衔，不过他账户上资金并不是十分的充裕。在接手别克汽车公司之后，对汽车一窍不通的杜兰特积极地和企业管理人员、一线员工去沟通，并且和公司中的很多人都成为了好朋友。

在刚刚入驻别克公司之后，谦虚的杜兰特能够听进去下属所提的一些建议。当时就有一位副总向他建议：别克汽车公司应该推出C型车，因为在生产C型车的过程中能够减少很多不必要的环节，大大提升企业的效率，进而让企业获得更多的利润。听了这一建议之后，杜兰特立刻采纳了。结果是：当时在美国汽车市场上卖得最好的是福特公司生产的T型车，可是待价格与实用性都比T型车占优势的C型车上市后，福特公司的T型车的市场却大幅度地被别克公司的C型车占领，别克公司的业绩和规模也因此开始快速的增长。

在别克公司推出C型车之后，杜兰特又花费巨资建立一个经销网，这个经销网为别克汽车公司引来了不少订单，因为初建经销网之时大大超出了公司的财力，因此被公司管理层否定，但是杜兰特还是以一己之力坚持做成了这件事。结果是：C型车的热卖让杜兰特迅速变成了另外一个人——成功之后的他开始变得骄傲自大，很少采用其他公司成员的建议，认为只要按照自己想的去做，就能够打开市场，赚取更多的利润。

1908年，别克汽车公司已经成为了全美龙头汽车公司之一，这一年别克公司和奥兹汽车公司合并为一家公司——通用汽车公司。由于杜兰特是最大的股东，因此管理层几乎都被他控制。此时的杜兰特已经听不进同仁的任何建议，他总是想着如何去开发客户群，全不顾企业的生产效率下滑的现实状况。

1910年的时候，随着别克公司生产效率下滑，杜兰特以超出通用汽车财力允许的范围收购了十七家小汽车公司，这直接导致通用公司陷入了资金周转不灵的困境。此后，一批银行家便开始进入通用的管理层，成为通用的股东，与此同时，杜兰特的威望也日益下滑。不过，最令人发愁的还是别克公司不断下降的效率问题。

此后的几年中，因为别克公司的生产效率下滑严重，汽车销量也开始大幅下滑，最终在1918年的时候，杜邦公司以5000万美元的巨资购买了通用汽车公司23%的股份，成为公司最大的股东，而杜兰特更是被排挤出了别克公司。在杜邦公司入驻别克公司不久之后，别克公司的新管理层开始大力提升企业的生产与经营效率，在短短几年内，别克公司又恢复了往日的光彩，成为美国汽车市场上的“巨无霸”型企业。

我们可以从别克汽车公司的案例中看到：一个企业管理者如果在管理的过程中忽视了企业效率的提升，那么他的管理就不可能获得自己预想的效果，而且当企业出现效率不断下滑的情况时，企业必然陷入发展的困境。

由此可见，效率高于一切，效率就是生命。

世界著名管理学教授爱德华·普鲁伊特说过：“我最希望企业管理者做的事情就是能够让整个企业都在一种积极的状态中运行，因为积极的状态能够催生出效率来，让企业的发展规模和发展质量都提升一个台阶。”对于任何一个企业管理者而言，能够让企业在自己的管理下不断地提升效率，就是一种很大的成就。因为高效管理就是一个企业管理者表现出色的重要标志。

很多的企业管理者总是在潜意识中形成这样一种概念——企业是一个非常复杂的组织，要想管理好企业，并让企业在高效率的状态下运转，是一件非常困难的事情。实际上，这种认识是错误的。爱德华·普鲁伊特教授说："每一个企业领导者都要懂得，管理企业本身不是一件很困难的事情，只要你懂得运用管理的方式为企业和自己创造出足够大的价值，那么你在管理上就会觉得非常的轻松。"

那么，企业管理者该怎么做，才能够让企业在自己的管理下产生高效率呢？根据哈佛大学商学院的研究记录显示，一个优秀的企业管理者应该具备以下几点：

（1）热情。

爱德华·普鲁伊特教授说："热情就是实现高效管理的催化剂，它能够促使一个企业管理者变得非常的有效率，更能够让其所管理的企业变得高效。"可以说，那些性格爽朗热情的企业管理者，其自身都有着很强的感染力，员工在他们的感染下无疑会变得更积极，客户也会受他们的影响而变得更忠诚，从而使得企业的生产和经营更有效率。

（2）不扮演老好人角色。

哈佛大学商学院教授迈克尔·波特说："企业的领导不要总是试图讨好每一个人，他们应该做的是管理好每一个人，而不是对于谁都妥协，坚决不做老好人。"如果作为企业管理者的你总会为了和员工保持良好的关系，而对于员工的错误行为不管不问的话，那么你就不是一个优秀的管理者，你的企业注定不会拥有高效率。

（3）一个企业管理者要想做到高效的管理，那么自己必须具备很强的行动力。

世界著名效率管理咨询专家苏珊·巴特利说过："任何事情上的高效率都是来自于行动力上的高效，企业管理者同样如此，一个企业管理者如果没有很强的行动力，那么一切都是空谈。"中国有句古语说得好，"坐而思，不如起而行"。对于任何一个企业管理者而言，不论你的管理理念多么的先进，不论你的管理手段多么的高明，但如果没有行动力作为保证，那么这一切都将成为空谈。所以说，一个企业管理者要想拥有高效的管理，就应该用强大的行动力将管理转化为效率，不能因为自己的懒散与驽钝而丧失了行动力。用迈克尔·波特教授的话来说就是："一个自己没有行动力的家伙，肯定不会让大家都拥有强大的行动力，那么这样的企业管理者就是一个木偶。"

（4）能够培养出高效率的员工。

企业管理者要想让自己的管理更高效，那就应该不断地提升员工的工作能力和工作态度，要让更多的员工乐意去工作，有足够的能力将工作做好，这样才能提升企业的效率。所以说，企业管理者首先得让员工变成工作高效的员工——有了这样的员工，一切管理措施才能够被高效落实。

（5）高效的管理要求企业管理者要有大格局的思想。

对于任何一个企业管理者而言，要想使自己企业的效率不断地提升，就应该拥有大格局思想——站在更高的高度去看问题，不要总是考虑个人利益，而是应该以企业掌舵者或者行业掌舵者的身份去看待一切，以大局为重，不要一叶障目而不见泰山。世界著名效率管理咨询专家苏珊·巴特利也还说过：“只要让自己的眼光够高，志向够远，拥有足够大的格局，那么企业就会变成一个高效的组织。”

（6）高效的管理源自于不懈的追求，没有最好只有更好。

对于一个企业管理者而言，管好一个企业并不是很简单的事情，应该时时刻刻去发现、去寻找企业的提升空间，应该在不懈地追求中发现企业的问题，然后加以改进，从而提升正确率。企业管理者在做事情时，不追求最好，只追求更好，这样就能够让自己的管理变得高效。所以说，高效的管理源自于不懈的追求，没有最好只有更好的态度就是高效管理的“源头”。

5. 企业管理者的第一职责——提高企业的效率

很多企业管理者总是抱怨，自己的企业利润总是增长缓慢，或者自己的企业总是留不住优秀的人才。其实，这两个问题从表面上看是利润和人才的问题，但是背后反映的却是企业效率的问题。因为，那些利润增长缓慢或留不住优秀人才的企业往往都是效率低下的企业——效率的低下，导致企业进入恶性循环中，利润、人才、效率之间都是相互影响相互制约的。那么，这些企业管理者为什么会遭遇企业效率低下的问题呢？除了生产技术、生产文化因素之外，一个非常重要的原因就是这些企业管理者本末倒置，他们只知道一心追求利益，而忽视了对于企业效率的严格把关。殊不知，企业管理者的第一职责对企业才是最重要的——倾尽全力提升企业的效率。

1903年6月16日17时，著名的福特汽车公司在底特律成立。在福特汽车公司创立之初，由于资金比较匮乏，因此他的工厂只能由一个破旧的货车车间改造而成，除了12位投资人和一些工具、器材、计划书、模型之外，其他的设施什么都没有了。就是在这样的情况下，亨利·福特却非常的乐观，他坚信他的企业一定可以飞速发展的，他从新兴的汽车市场上看到了让自己的企业获得高速发展的“秘诀”——在保证生产简易汽车的年代，在产品的质量达到一定的标准之后，谁的企业生产效率足够高，那么谁就能在汽车行业获得相应的发展。

当时，由于刚刚时兴汽车，只有有钱人才开得起，很多普通人却买不起。于是，福特一边推广汽车进入普通居民家庭中，同时也积极地改进汽车的生产技术，增加企业的生产效率。结果是：福特带领员工制造出世界上第一辆简单而廉价的“福特汽车”，这种汽车操作起来非常简单，连15岁的孩子都能够操作，并且这种汽车生产起来也非常快。此后的几年里，福特和他的股东们仅靠制造这种简单、廉价的汽车就赚到了惊人的利润，成功积累了第一桶金。可以说，这种靠效率的提升来增加利润的生产方式不但改变了福特的命运，也改变了人类的生活——汽车开始走进了普通民众的家庭中。

1908年，福特推出了一款具有划时代意义的新款小轿车，这款小轿车就是在全球汽车行业中有着划时代意义的T型家用轿车。T型家用轿车的特点有：生产简单、制造效率高、成本低廉、性能优越、操作简便等。在1927年的时候，福特汽车公司已经成功销售了1500万辆T型轿车。在福特汽车公司此后的发展历程，效率的提升一直作为任何一届管理者的第一职责。可以说，正是这种有效的管理方式让福特汽车公司获得持久的、强劲的发展竞争力，现在经历了一百多年风雨的福特汽车公司，已经不再是只生产简单、廉价产品的“老福特”了，它的旗下有八大车系：福特(Ford)、路虎(Land Rover)、水星(Mercury)、林肯(Lincoln)、阿斯顿·马丁(Aston Martin)、马自达(Mazda)、沃尔沃(Volvo)和捷豹(Jaguar)。其中的林肯、阿斯顿·马丁、沃尔沃、捷豹等都涵盖了各个阶层人士所需的不同的汽车产品，满足了社会各阶层人士的不同需求。

我们可以从福特汽车公司的案例中看出：企业管理者应该将提高企业的效率作为第一职责，才能够让企业在高效生产经营的状态中获得足够多的生产竞争力，最终为企业赢得大量的利润，并让企业在市场中立于不败之地。所以，对每一个企业管理者而言，如果要想让自己的企业像福特汽车公司一样获得足够多的发展竞争力，那么就必须将提升企业效率作为自己的第一职责。

世界著名管理学教授斯坦福·佩尔蒂埃曾经做过这样一项调查：他对全美的1000家小型企业的管理者做了一项跟踪调查，看看那些将提升企业效率作为第一职责的企业管理者是否能够获得成功。结果是，在斯坦福·佩尔蒂埃教授的调查结果中显示：只有一家小型企业实现了高利润增长，因为在这1000家企业当中，只有这家小企业的管理者将提升企业的效率作为自己的第一职责。在得出这样的结论之后，斯坦福·佩尔蒂埃教授说："将提升企业效率作为企业管理者的第一职责，这是培养最优秀企业管理者的最好方法之一。"

大家不知道的是，斯坦福·佩尔蒂埃教授跟踪调查后，发现那家成功的企业就是著名的戴尔电脑公司，而那个将提升企业的效率作为第一职责的企业管理者就是戴尔电脑公司的创始人——迈克尔·戴尔。

1965年，迈克尔·戴尔在美国休斯敦出生。在他小时候，父母就希望戴尔将来能够继承父亲的衣钵，成为一名出色的牙医。然而，比较叛逆的戴尔并没有像父母所安排的那样认真地学医，而喜欢上了电脑。

1983年，戴尔为了不让父母亲失望，只好选择了得克萨斯大学的医学专业。就在戴尔念完大学一年级的时候，戴尔做出了一个惊人的决定——退学。戴尔之所以要放弃大学学业，除了是他对于电脑的热爱之外，他发现了一个赚钱的“秘籍”。早在大学的上学期，他从一些二手电脑零售商的手中买来许多的IBM的PC机，然后将这些电脑重新进行组装后，再转手卖出。结果每到下课时间，戴尔的宿舍门前就开始排起长队——许多的同学排队购买戴尔组装的电脑，戴尔组装的电脑比较便宜，在当时一台IBM的PC机要2000多美元，而戴尔自己组装的电脑一台只要700美元，最为重要的是其质量并不比IBM生产的电脑差。戴尔发现这种组装卖电脑的方式大大提升了一台电脑的生产效率，只要自己聘请足够多的电脑技师来组装电脑，那么这种廉价又便宜的电脑一定会畅销。

1984年，戴尔创立了“戴尔计算机公司”，在公司创立之后，戴尔仍然采取组装的方式去生产——高效率的生产方式让戴尔公司能够最大限度地满足消费者的需求，并以最快的速度抢占市场。1987年，高效的“戴尔计算机公司”成为全球第一家可以提供下一个工作日上门进行产品服务的公司，并且在英国设立了分销处，开始拓展全球PC业务；1988年，“戴尔计算机公司”上市，首发250万新股，每股8.5美元的股票价格；1992年，戴尔电脑公司被《财富》杂志评选为“世界五百强企业”之一……

我们可以从戴尔公司的发展历程中看出：创始人戴尔成为“世界五百强”企业创始人和顶级企业管理者的过程非常之短，可就是在这短短的过程中得到了如何成为一个优秀企业管理者的“秘籍”——那就是提升企业的生产效率和经营效率，以效率赚取利润。

可以说，将提升企业的生产和经营效率作为企业管理者的第一职责，从侧面深刻地反映出这一概念对于企业管理者所提出的要求——企业管理者的管理范围已经提升到了一个更深的领域，因为效率的提升将使得整个企业组织结构发生变化，而在这个变化的过程当中，企业管理者需要承担更多的责任、需要有先进的管理理念和足够强的管理魄力，只有这样才能够打造高效率的企业，让企业焕发出无限的活力和强大的生产竞争力。

总之，对于任何一个企业管理者而言，一定要在工作中，时刻牢记自己的第一职责——企业管理者必须提升企业的生产和经营的效率，在工作中兢兢业业，积极地改进自己的工作方法，努力提升自己的管理水平，倾尽全力将企业打造成一个高效率的企业，才算得上一名合格的优秀企业管理者。

第二章 落实是管理的命脉：落实到位是提升效率的关键

很多企业都在为提高企业的执行能力绞尽脑汁。殊不知，落实企业决策就是提高企业执行能力的有效方法。所谓的落实，就是把企业的政策、措施和计划等充分运用到实践中，达到解决问题、推进工作进度和为企业赢得利润的目的。对任何一家企业而言，尽最大努力落实企业决策，这也是最基本、最重要的工作环节，同时也是企业成员的重要职责。如果企业管理者落实决策的能力不足，企业的决策和工作就不会收到预期的效果，而企业的目标就不会实现，企业也会因此失去更多盈利的机会。因此，企业管理者若想让自己的企业在市场竞争中胜出，必须全力以赴地落实企业决策。

1. 坚决落实，提高工作效率

当下很多企业管理者都相信这样一条真理——任何一家企业都能成为卓越的企业，但有一个必然存在的前提，那就是企业一定要将其每一项决策彻底落实。实际上，很多企业都十分清楚落实决策的重要性。对于企业来讲，决策的落实的确有着重要意义：它不仅意味着企业管理者的水平和能力，还折射出企业管理者的形象。假如企业不能够落实决策，无疑透露着企业的管理能力低下，也是导致企业效率不高的原因。

所谓的落实，就是把自己的决策付诸行动。简单地理解，就是将企业和管理者的思维表述出来，写成书面的形式，使其成为“决策”，然后将这些决策运用到实践中，达到其目标。从这个角度看，企业若想将决策落实到位，必须行动，而行动的结果就是落实的效果。同样，任何一个伟大的想法如果不能转化为具体的行动，也会变得毫无意义。

实际上，无论是机关，还是企业，其决策是否能得到彻底落实往往都是决定一个组织成功与否的重要因素，因为只有决策得到落实，才会对结果产生重要且直接的作用。通常来讲，领导的执行能力决定了组织的执行能力，企业管理者只有将企业的决策执行到位，才能够开拓企业的发展之路。企业领导者更应该注意，无论企业处在哪一个发展极端，企业管理者的思想永远都不能够代替行动，如果企业管理者忽视了决策的落实，那么任何一个决策都会成为空想。以下的一案例就可以说明这一现象：

20世纪70年代，美国加州萨德尔镇有一个名叫法兰克的年轻人。法兰克出身贫寒，其家庭条件无力供其上学，他只好孤身前往芝加哥寻找谋生之路。法兰克来到芝加哥，数天仍没有找到容身之所。此时，法兰克看到有很多穷人在大街上给有钱人擦皮鞋。因此，他也买了一把刷子准备日后依靠擦皮鞋谋生。过了半年后，法兰克就发现，擦皮鞋不仅辛苦，还赚不到钱。因此，他决定改变自己的赚钱方式。

此时，法兰克用他擦皮鞋赚来的钱租下一间小屋，一边卖雪糕，一边擦皮鞋。法兰克惊喜地发现，卖雪糕赚的钱比擦皮鞋赚的钱多。为此，法兰克又在小店附近专门开了一家商店来卖雪糕。他的雪糕生意一天比一天好，后来，法兰克干脆放弃了擦皮鞋生意，一心一意卖雪糕。如今，法兰克已成为家喻户晓的“雪糕大王”，他的“天使冰王”雪糕已经成为美国雪糕市场中的最畅销的品牌。更为重要的是，法兰克的雪糕占据了70%以上的市场份额，并且在全球60多个国家开了4000家分店。

法兰克的案例告诉我们执行的重要性。不仅要有想法，而且还要将这些想法付诸行动。特别是企业的决策很有可能为企业带来一次大的转机，甚至为企业赢得令人羡慕的丰厚利润。然而，仍有相当一部分企业管理者并没有意识到决策的重要作用，也有一些企业管理者虽然意识到决策的重要性，但却总是忽略它。

对于企业管理者来讲，若想真正落实决策，必须注意以下几点：

（1）企业管理者应该正确认识落实决策的重要性。

对于企业而言，企业的决策如果没能得到落实，无论多么正确的决策都会成为空想。企业管理者应该清楚，一旦企业制订了决策，确定了战略目标，就要将其落实到位。可是，很多企业管理者恰恰会忽视这些，这就导致企业的执行能力大大降低。因此，企业管理者若想改变这种落实不到位的现状，就必须认识到落实企业决策的重要性，此外，还要注重培训员工积极落实的理念。

（2）从企业领导者到员工，强化每位企业成员的落实责任意识。

很多时候，决策落实不到位，并非是企业管理者或员工缺乏相应的专业知识，而是因为企业成员对落实工作的责任意识不强。很多专家和企业家都认为，导致这一现象出现的原因恰恰是企业管理者和员工缺乏相应的落实责任意识。正因为如此，企业管理者和员工才没有将积极的工作态度带入工作中。也正因为企业管理者和员工没有相关的落实责任意识，才导致大家将错误推给他人的现象。当然，这也会降低企业的管理水平和效率。

若想改变这种现象，企业管理者应该意识到：落实是一种责任，是每一位企业成员的责任。如果企业成员没有及时将企业决策落实到位，就是对企业的不负责，从而也会降低企业效率和管理水平。

（3）企业管理者在落实决策的时候，不应该忽视细节。

实际上，企业管理者能真正地做到决策落实到位并非易事，因为企业管理者每天要处理的事情太多，这就导致企业管理者在落实决策的过程中对一些细微之处无暇顾及。虽然如此，但成功的企业管理者则十分清楚，若想真正地将决策落实到位，必须将细节落实到位。

很多企业管理者在企业亏损之后才叹息："为什么我当初没有发现这个细节呢？"造成这种局面，无非是企业管理者不够细心谨慎。相反，一些企业管理者则具备非常敏锐的眼光，能从一些细微的事情上看出非常关键的问题。虽然具备这种能力是很多企业管理者的愿望，但是企业领导者必须清楚，练就这种能力需要长久的实践及训练，并非一朝一夕之事。

由此可见，如果企业管理者希望将企业决策落实到位，就必须将落实决策过程中的一些细节考虑到。

很多事实和理论告诉我们，仅仅有充满创意的想法是不够的。相比之下，采取实际行动去落实更重要。如果企业管理者仅仅停留于制定决策，而不采取行动落实，自然不能取得任何成就。世界上任何一个成功者都不可以依靠其想法取得成功，而是依靠实践获得成功。因此，企业管理者应该清楚这样的道理：若想让自己的企业获得成就，必须全力以赴地实施决策。

2. “OEC”管理法 ——养成高效率的工作习惯

管理学家彼得·德鲁克曾经说过这样一句充满哲理的话：“正是那些默默地高效率工作的人，才能推动社会的进步。”在企业中，能够高效率完成工作任务的人，往往就是那些工作效率高的人。

> 所谓的工作效率，就是指在规定的时间内完成工作，或提前完成工作，并能保证工作质量。同样，在落实企业决策的过程中，最能够降低企业效率的现象就是拖延工作。有时候，企业成员拖延工作的毛病还会给企业造成严重的后果。

因此，很多企业管理者都告诫自己的员工，养成高效率是一种非常好的工作习惯，它不仅可以为自己节省很多精力，也可以提高企业管理水平和效率，也是最能体现自己能力的表现。

所谓高效率工作方法就是备受很多企业推崇的“OEC”工作方法，

是英文“Overall Every Control And Clear”的缩写，其涵义就是每个人必须在一个工作日之内完成他一天的任务，必须对其一天的工作任务进行控制和清理，简单地说就是“日事日清”。只有这样，企业成员才能够提高自己的工作质量，也会不断地促进企业的发展。

海尔集团的张瑞敏亲身体验了“日事日清”为企业带来的好处，他经常对海尔集团的员工说：“如果将一块钱存入银行，以复利计算，假如利息率仅为1%，那么仅仅70天之后，存款就会变成两块钱。”因此，张瑞敏认为，把企业的目标分摊到每个企业成员的身上，每人每天的目标都会有新的提高，更会使企业的效率和利润有条不紊地增长。

为了提高每一个企业成员的工作效率，海尔集团给每一个员工都发了一张“三E卡”。当一天的工作结束之时，每一个企业成员都必须填写这张“三E卡”，将自己在一天内完成的每一项工作都记载得清清楚楚，而每个人的收入都与自己的这张“三E卡”有直接的关系。正是这张小小的“三E卡”，使集团庞大的工作任务细致且清晰地划分到每个员工的身上。例如海尔集团生产冰箱的程序，在这道程序中共有156道工序、545个责任区，每一个责任区都有一个责任人。在海尔集团的冰箱仓库，共有1964块玻璃，而每一块玻璃也都有一个责任人，这使得所有产品的质量都得到了保证。当然，在这个过程中，员工的素质是重中之重。换句话讲，只有高素质的员工，才能生产出高质量的产品。

与海尔在市场中取胜的原则相似，美孚公司的制胜法则也是“日事日清”。在2004年4月，《商业周刊》评选了50家表现最佳的公司，而埃克森-美孚排名第23位；同时，在《财富》杂志评选的全球500强企业中，埃克森-美孚排名第二。在美孚公司内部，“日事日清”也是企业成员重要的行事准则之一。正是因为美孚集团在其内部大力推行“日事日清”的工作准则，才使得所有工作在没有延误的情况下完成。

这家纵横市场多年的企业的前身是创建于1866年的美孚公司，曾经在1903年为创造飞机的怀特兄弟提供用于飞行的燃油。相比之下，更容易引起人们注意的则是美孚公司创造的效率奇迹。

为了使企业的效率得到提升，美孚公司成立了速度部，这个创意来自于一级方程式车赛（缩写为F1），这是一个世界顶级的赛事，而这一赛事也真正完美地向人们诠释了什么才是真正的效率。这个创意的提出者约翰·丹尼斯在提出这一方案的时候说：“统计表明，每一场F1赛事都能够吸引10亿多观众，这恰好见证了高效率的魅力，也论证了‘绝不拖延’观念的必要性。”很快埃克森–美孚公司员工的工作效率得到了有效的提升，埃克森–美孚公司也挺进了世界500强，也创造了效率奇迹。

可以说，海尔集团和埃克森–美孚成功的原因是相同的，这就是他们在企业的运营中都将提高员工的工作效率看得非常重要。

实际上，做到高效率工作的标准并不难。首先，企业管理者应该告诫自己，无论对自己来讲，还是对企业员工来讲，都不能拖延工作，因为拖延工作会使企业和员工承担的压力日益加大，这种做法只会让人们感觉疲惫。其次，企业管理者必须适时提醒自己和员工，必须在今天的时间内完成今天的工作任务，同时今天的工作质量必须比昨天的高，而明天的工作质量必然要比今天高。再次，企业管理者要随时预料到拖延的后果，例如时常问自己“如果继续拖延，企业会出现什么状况”或者“如果我继续拖延，我会遇到什么情况”，而这类简单的方法则能够促使企业随时培养员工的高效率理念，同时也会帮助企业快速成为高效率企业。

因此，企业若想成为一个高效率的企业，企业的所有成员必须做到高效率工作。

3. 提高执行能力，创造高效企业

对于企业管理者而言，无论企业处于哪一发展阶段，企业的执行能力都是其核心竞争力。如果一个企业缺乏执行能力，则意味着企业日后的发展会停滞。对于任何一家企业来讲，执行能力是不可被复制，不可被模仿的，而企业拥有执行能力却是企业发展的保障。

《财富》杂志曾经发表过这样一份调查——如果把企业的能力分成技术领先、服务增值和高效执行这三个方面，任何一家世界500强的企业都在执行能力方面的表现十分突出，由此可见执行能力的确是使企业成为高效企业的法宝。而若想提高企业的执行能力，企业管理者必须注意以下几点：

（1）企业管理者必须有较强的执行能力。

很多成功的企业家都有这样的意识：强有力的领导才是提高企业执

行能力的前提条件，而领导者的执行能力也在某种程度上决定企业的执行能力，而一个成功的企业必然有一个成功的领导者。如果人们稍稍留心，就会发现企业界存在这样的情况：很多知名的企业家的执行能力都是其创办一流企业的原动力，李嘉诚、柳传志、比尔·盖茨等都是这样的企业家，这也说明，领导者才是企业成功的关键。企业管理者应该注意，身教的作用远远大于言传，行动的力量也比说话的力量大。因此，企业领导者若想要求下级有较强的执行能力，自己首先要具备较强的执行能力。

（2）企业管理者要构建一个完整的执行体系。

在当今社会中，许多企业的常见弊病就是执行体系不完整，而一些企业甚至根本没有执行体系。对于这些企业来讲，当务之急就是要从企业整体的组织框架、业务流程、绩效考核体系和价值观等方面入手构建起执行体系，还要注意在企业的发展和执行决策的过程中，企业管理者要不断修正、调整自己的战略方向，以保证执行到位。更重要的一点是，企业还要打造一个高效的管理体系，这个管理体系一定是高效执行的管理层，能够应对企业在不同时期内的战略调整。此外，这个管理层还要转变员工观念，并且以此为基础提高整个团队的技能，保证员工的观念与企业领导者的思想能够相互融合，这才会利于提高企业的执行能力。

（3）企业管理者要实行规范化和表单化管理。

华为技术有限公司总裁任正非曾说过：“职业化、规范化、表格化、模板化的管理在当今的企业中十分欠缺，如果企业中聚集了一群不习惯于职业化、表格化、模板化、规范化的管理者和员工，企业中就会出现严重的重复劳动和管理现象，而这恰恰是促使企业效率低下的根源。”这句话向人们揭示了企业效率低下的原因。

企业管理者要改变这一现象就要完善本企业的流程和制度，而这也是提高企业执行力的基础。著名的经济学家道格拉斯·诺斯认为，制度在企业中的作用是不容忽视的，其主要作用就是消除或降低企业在发展中的不确定性，而远大中央空调有限公司的发展案例就可以证明这一点。

1996年，远大中央空调有限公司建立了独具个性的制度化管理。在以后的发展过程中，远大中央空调有限公司不断地调整自己的制度化管理，使其更完善。在远大中央空调有限公司中，只要是能够程序化的企业活动，远大都会通过发布文件的方式使其程序化，而文件体系也成了远大中央空调公司制度的具体表现形式。在企业内部，员工的一切活动都必须以文件的编制、执行、修改为前提。在文件的允许下，员工才可以行动。1998年，远大中央空调有限公司发布了《远大宣言》，在这份宣言中，记录了一句话，是这样说的：“制度是行动指南，也是远大的管理方针。远大永远不草率行事，更不轻视任何小事情。”

事实上，远大中央空调有限公司的文件体系恰恰是保证公司决策落实到位的措施，正因为有了这层保障，远大中央空调有限公司才能够将每一项决策落实到位。

（4）企业管理者要为企业打造一支素质优良的团队。

对企业而言，一个素质优良的团队才是提高整体执行能力的基础。所谓的执行能力，就是一个团队完成目标的能力，而管理者和员工正是企业完成目标的力量。如果企业缺乏素质优良的团队，自然无法将很多决策落实，企业的发展也必然会受到影响。归根结底，企业的成功与否取决于是否拥有一支具有执行能力的团队，而员工的执行能力与工作方式和工作习惯以及职业技能等方面都有关系，这一系列能力都离不开企业管理者的监督和正确指导。从这个角度讲，企业管理者培养员工的执行能力就显得格外重要。

很多企业都会通过培训的方式来培养员工的能力，通过培训，员工的工作方式会得到改进，工作效率也会提高，这样企业自然会达到“高效落实”的目标。

4. 杜绝盲目执行现象，提高执行能力

对多数企业而言，落实不到位几乎成为影响企业管理和效率的普遍因素，因此，很多企业管理者都急于寻找一个能够提高企业执行能力的方法。然而，正是这种做法让企业陷入了一个新的误区，这就是盲目执行的误区。那些盲目执行的企业会出现无序管理的现象，同时导致企业浪费大量的管理资源，却无法获得有效的成果。

通常来讲，这种无序管理导致的最直接的结果就是企业成员无法将工作落实到位、企业的落实效率低下、企业运营受阻等。因此，企业若想提高自己的效率和管理水平，不仅应该提高企业成员的执行能力，还要注意避免在执行过程中出现的盲目现象。归根结底，有序执行企业决策才能为企业带来利润，为企业员工带来福利。

实际上，企业管理者要改变这种现象并不难，企业管理者应该制定出正确的工作流程。此外，企业管理者应该清楚，在执行决策的过程

中，流程是企业成员能否执行到位的重要保证。如果企业没有一个切实可行的工作流程，成员的执行工作将难以继续，企业必然因此受到影响。很多企业成员的执行工作都不到位，其原因正是企业缺少一个有效的工作流程。

相反地，很多成功的企业都建立了有效的工作流程。通常来讲，建立工作流程对企业的发展有如下好处：

①工作流程可以使全体企业成员的工作有条不紊地进行，保证工作中不至于出现混乱的局面。

②一旦企业的工作出现问题，企业管理者可以通过流程分析出哪一个环节出现问题，并能够及时解决，同时企业管理者能够准确找到相关责任人；

③如果企业出现了员工流动的现象，流程也可以保证企业的工作不必因此而延缓；

④有效的工作流程可以使企业的新员工尽快地融入工作，融入企业。

通过以上分析，我们可以知道，工作流程虽然不会使员工技能化，但是会促进员工的成长和成功，而企业也会因此而获得更多成功机会和盈利机会。因此，无论是企业管理者，还是普通员工，都不应该轻视企业的流程，更不能不按照流程工作。任何一个企业成员都应该清楚，只有遵守工作流程，才能够使企业避免盲目执行的状况，因为无论企业成员在企业中处于何种职位，都是执行企业决策的主要力量。实际上，在企业的所有的系统和流程中，员工才是最重要、最关键的。

总而言之，以上方法都有利于避免企业出现盲目执行的情况。为了避免企业出现盲目执行的现象，员工必须在执行工作中注意以下几个方面：

（1）员工在执行决策的过程中必须谨遵工作流程。

在接到工作任务之后，应该严格按照目标→计划→执行→评估的过程来工作。在这个流程中，目标的意义就是向指明工作的目的；而计划的意义则是促使企业成员规划好工作的每一步骤，保证工作有序的进行；能够让企业成员将决策执行得更彻底。如果每一个企业成员都能够在执行企业决策的时候严格按照上述流程进行，企业自然不会出现盲目执行的状况，而企业管理者也能够在企业的发展中掌握工作的整体性。在企业发展的过程中，工作的流程尤为重要，尤其是组织性的工作。同时，每一名都应该在工作中保持对工作流程的清醒认识。

（2）在执行任务的过程中，员工必须分清工作的轻重缓急。

在工作中，每一位员工都应考虑优先顺序，最佳的工作顺序就是先做最重要的事情，然后再做比较着急的事情，千万不可以先做自己认为好做或自己喜爱做的事情。一旦企业成员分不清工作的轻重缓急而先做自己感兴趣的工作，就会将重要的工作耽误，导致企业出现执行不到位的现象。

站在企业的角度来讲，大多数企业都会在分配工作的时候将上交任务的期限告诉员工，而且很多企业都要求员工必须按照期限要求完成任务，因此，员工应从工作期限的角度出发，根据工作任务的重要程度和性质来决定自己的工作顺序。

但是，即便员工能够分清工作的轻重缓急，并且制定合理的工作顺序，有时候也会遇到例外的情况。例如临时接到新的任务，这使员工不得不将原本的任务向后拖延。此时，企业管理者一定要及时向员工讲明工作的情况和方法，避免其在工作的过程中出现差错。对于员工来讲，一旦遇到这种情况，就要及时的与上级沟通。

（3）要提前做好准备。

在接到一项工作任务之后，应该制定工作的步骤和方法。有时候，员工会遇到难度较高的任务，这需要企业成员花费更多的时间和精力完成相关任务，而这类任务更需要员工按照相关的流程执行任务。如果员工希望提高自己的工作质量，不妨制定多个工作方法和步骤，然后从这些方案中挑选一个较为合理的方案。

除了以上几点，员工还应该在工作的时候保持充足的热情和信心，脚踏实地地按照企业的工作流程和自己制定的计划来完成工作任务。同时，企业成员还要时时审核自己的工作进度，并且找出自己的工作与原定计划之间的差距，必要时可以适当修改计划。当员工完成工作以后，还应该重新检测并评估自己的工作计划，同时将自己当时的工作结果与原定的工作计划之间进行对比。这个环节就是让员工检查自己是否达到了原定的目标，如果没有，就要寻找原因。

由此可见，如果企业管理者和员工都能够按照企业的工作流程和自己的工作计划有条不紊地完成工作任务，就可以有效避免企业出现盲目执行的状况。

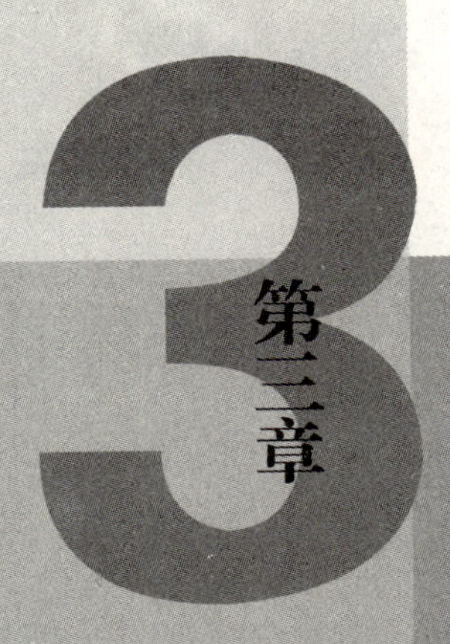

第三章 有效管理时间：打造单位时间里的最高效率

当下，很多职场人认为，没有充足的时间来完成所有的工作，是一件最令人沮丧的事情。尤其是当今的市场飞快的发展节奏，很多企业成员感觉他们无法控制自己的时间。对于企业来讲，如果自己的管理者和员工无法控制自己的时间，企业的效率必然会大幅下降。

1. 有效管理时间：奠定高效率之基

对于企业管理者来讲，对时间的管理是否有效直接决定员工的工作效率的高低。在企业内部，很多员工的绝大部分时间都在工作，可总是认为时间不充裕。实际上，这些员工都是因为不能有效管理时间，才会出现时间不充裕的问题。此外，一些员工也总是认为，自己的工作纷繁复杂，经常要加班完成，结果仍然忘记了一些重要的事情。实际上，这就是这些员工对时间的管理不到位。

很多企业认为，一个优秀的员工必然懂得怎样有效地管理时间。相比之下，一些忙忙碌碌的员工的办公桌上总是堆着小山一般的资料，总是有着忙不完的工作，而这类员工就是不能有效地管理自己的时间，因此使得自己的工作效率低下。一些成功的企业家认为，这些员工并不是因为没有时间，而是因为他们没有管理好自己的时间。这些企业家提醒我们，企业、管理者和员工都不应该被时间控制，反而应该主动把握时间、规划时间、管理时间，只有这样，有限的时间才能够发挥无限的作用。

实际上，任何一个老板都不看好不知道如何有效管理自己时间的人，很多企业管理者都清楚，员工能有效地管理时间，是提高其工作效率的关键。一家著名企业的老板曾经说道：“我最不喜欢看到我的员工的办公桌上摆放着杂志等闲书，因为这意味着这些员工并不重视公司的工作，而这些员工正是来混日子的人。如果你暂时没有工作可以做，为什么不帮助其他的员工呢？”这位老板的话语也引起了其他企业管理者的深思，而这位老板讲述的现象也正是员工对时间的管理不到位的普遍现象。那么，企业的员工怎样才能够有效地管理时间，为自己的企业带来更多效率呢？

史蒂芬·科维在其畅销书《当务之急》中曾经概括了有效管理时间的办法，他写道：“有效管理时间最重要的一点就是，让最主要的事情成为首要任务。”

在企业中，我们常常可以见到这样的情况，大多数人都把他们的时间用来处理紧急，但是并不重要的工作，例如处理一些杂事、接听电话、填写备忘录或者参加一些根本不重要的会议。而正是这些根本不重要的事情却占用了一个管理者一整天的时间。如果一个企业管理者在工作中有这种忙乱的习惯，必然会影响企业对时间的有效管理，甚至影响企业的整体效率。对企业每一名员工来说，这种忙乱的习惯也会在很大程度上让其无法找到自我价值。

实际上，有效安排工作时间就是高效率。因此，很多企业家都在自己的企业中实行“启发式的时间管理”方式，而启发式的时间管理方式的方法就是，企业管理者和员工要把大部分时间用来做重要的工作。

很多企业管理者和员工都认为，一个不会管理时间的人无论如何都无法成为企业的优秀员工，更不会成为企业的优秀领导者，因为一个不会管理时间的人必然会浪费许多时间，并且极有可能浪费其他人的时间。

迫于上司的压力，很多员工在刚刚学习管理时间的时候总是会出现“两种极端”，其一就是偷工减料，迟到早退；另一种极端就是无休止地加班。企业管理者应该留意这些员工，应该及时予以纠正，并给予引导，这样才有助于企业提高效率。

与上一种情况类似，过分加班也是不善于管理时间的表现。很多企业管理者都有这样的认识，如果员工过分加班，其工作能力必然不强，否则不需要通过加班来完成任务。过分加班意味着员工并没有认真做好工作计划。很多企业管理者都会告诉员工，如果果真无法在规定时间内完成企业分配给他的任务，可以向管理者表明自己不能完成的原因，企业管理者也会思考修改计划、增加人手或者寻求帮助等方式。

既然管理时间方面存在这么多误区，那么，企业管理者怎样做才能够高效管理时间呢?

企业领导者应该改变自己和员工的“工作时间越长就越勤奋”的错误思想，实际上，工作效率和工作业绩才是最重要的，如果一个企业管理者或员工每天都在忙忙碌碌，但却看不见业绩，这样就更谈不上效率了。

对企业的员工来说，勤奋好学的员工固然是深受上司喜爱的，但这并不意味着提高工作效率。因此，获得老板赏识的最佳办法就是尽可能提高自己的工作效率。从这个角度讲，一旦员工面对堆积如山的工作，企业管理者应该提醒他，不要毫无准备就开始工作，而是应该思考如何才能够高效率的分配自己的时间，因为只有事先分配好时间和工作顺序，才能够有效地完成堆积如山的工作。而这种方式也提醒了其他企业管理者，凡事都有轻重缓急，管理者和员工都不应该把重要的事情和非重要的事情混为一谈，最佳办法就是首先处理一些重要的事情。实际上，很多企业管理者都清楚，在通常情况下，无法完成目标的主要原因就是员工将大量的时间浪费在次要的事情上，因此很多企业管理者都应该提醒员工，在工作之前应该先安排好日常工作顺序，这就是“日常工作的优先顺序”，然后，再按照这个优先顺序把工作做好，才能提高工作效率。

由此可见，无论是企业管理者，还是企业的普通员工，都应该在工作中学会有效地管理自己的时间，形成正确的时间观念，才能更大限度地提高工作效率。

2. 节约时间就等于提高效率

在我们的日常生活、工作中，浪费时间的现象普遍存在。也是我们一直以来想杜绝的不良习惯，尤其是我们在工作中浪费时间更是不应该有的现象。

关于浪费时间的问题，马萨诸塞州皮博迪市阿比克斯旅行社的首席执行官阿伦·亨特利曾经说过："从前，我将我工作时间中的20%用来争取顾客，然而由于经济低迷，我的客户总量下降超过了25%，因此我开始关注一线管理。现在，争取客户的工作占用了我工作时间中的40%~50%。"其实，很多企业都曾经历亨特利提到的"经济低迷"时期，经济低迷期使众多企业失去了更多的利润，因此这些企业管理者绞尽脑汁想找回失去的收入，而找回失去的利润的最佳方式就是在企业内部实行"时间经济"。

所谓的时间经济，就是指人们从生产力要素的实际组合的客观角度出发，按照生产力要素的顺序、时比、时速和时差安排生产力要素，这种方法给人们带来的时效就是“时间受益”。从另一个角度讲，企业能够自觉地节约时间，就可以让时间为自己带来效率和财富。对于企业来讲，如果能够节约时间，自然会达到提高企业效率的目的，否则只会让利润从自己的手中流走。

从这个角度分析，企业完全可以通过节约时间的方式来提高自己的效率，而一些企业还将“节约时间”称为“绝对时间利用”，但是这个“绝对时间利用”却有一个前提，这就是单位时间的利用率是一个永恒不变的基本量。

实际上，在时间管理中，效率是非常重要的组成部分。任何企业在生产活动中投入的时间都是有限的，因此获得更高的输出企业的效率自然相对较高。同样的道理，如果企业在生产活动中的投入相对较少，却能够获得同样的输出，也会有相对较高的效率，因为企业投入的资金、员工和设备等资源都是稀缺的，而时间的稀缺是其他投入资源稀缺的综合表现方式。

因此，企业管理者若想提高效率，就要提高时间的利用效率。如果企业能够提高时间的利用效率，自然会提高整体资源的使用率。

从这个角度讲，所谓的效率，就是要让资源成本最小化，专家们将其称为“相对时间的利用”。这种方法给企业管理者的启示就是，企业应该用多种方法来开发单位时间的资源利用效率，从而提高时间的使用效率。

众所周知，如果企业管理者能够提高企业的效率，无疑比单纯地节约时间的方法有效，因此提高企业效率成了工业时代的企业的首选发展策略，而这个方法最大的好处就是能够使人们突破一些限制因素来适应社会的发展。其实，无论企业选择提高效率，还是选择珍惜时间，都可以使企业的时间增值，也可以使企业管理者和员工获得更多的可以自由支配的时间。举一个简单的例子，如果某企业的管理者和员工完成一项任务需要花费六个小时，但是现在管理者和员工花费三个小时学会了一种新的工作方法，而这个方法可以使员工在四个小时内完成相同的任务，因此，被用来学习的三个小时就使企业的时间得到了增值。

除了以上方法，聪明的企业管理者还会经常考虑在工作中分配正确的时间比例。外国专家建议，企业管理者和员工都应该在工作开始之前站在企业领导者的角度思考：怎样才能够让这一天的工作时间变得有意义？怎样分配时间才能够最大限度的发挥时间的使用效率？若想做到这一点，企业管理者就要充分考虑一些如何分配时间的因素，例如企业要在有限的时间内进行影响最广泛的活动，优先分级公司的战略，同时将上级的要求直接传达给下属和客户。在划分时间比例之后，部门还应该将时间细化为用在每一个分类上的具体时间。同时，为了使企业能够有效地利用时间，企业领导者还应该在每年、每季度、每月、每星期作出调整。例如一家企业的销售团队需处理新客户的危机，因此这家企业的领导者便将较多的时间花费在了营销会议上。而一些成功的企业管理者也认为，最佳的处理方式就是为每一项任务分配具体的时间，同时这些企业管理者也提醒自己的员工，最有效的时间方式一定是要把任务列表包含在自己的时间列表中。

此外，很多企业管理者都提醒自己的员工要审查自己的时间，例如在周末的时候拿出这个星期的任务表，来分析自己在每一项工作任务上花费的时间。这种方式会让企业管理者和员工对接下来的工作产生进一步的认识，并及时调整自己分配时间的策略。很多企业管理者都认为如果达到了这个要求就可以在节省时间的基础上提高企业的效率。此外，还有一些企业管理者坚持写自己的管理日志。一段时间之后，这个管理者发现自己将很大一部分时间都浪费在接打电话上。发现了这样的情况后，这个管理者及时地调整自己的时间分配，结果节省了大量时间。

与记录管理日志的方式相似，很多企业管理者还在企业内部实行了时间审查制度，而时间审查制度也可以帮助企业找到浪费时间、降低效率的原因，并且可以为企业管理者提供制定决策的依据。外国相关领域的专家们研究证明，如果人们需要从一项工作任务转移到另一项工作任务，必须要经历一段较长的调整时期，而这段时期就是“时间成本”。通常来讲，任务越复杂，所需的时间成本就越高。这也就意味着，企业要将大量的时间用来将自己的精力转移到新的工作任务上，一旦企业成员在完成新的工作任务之后需要重新回到从前的工作任务上，此时仍然需要一个过渡的过程。这些专家们认为，企业花费在这些转换过程中的成本会将公司的效率降低20%~40%，而这种浪费时间的现象也是给企业管理造成障碍的原因之一。

改变企业对时间的管理方式的有效方式之一就是实施“实际时间规划”，这种方法就是指企业管理者在安排任务的时候需要为每一项任务设定时间参数，并且仔细估算每一项任务所需的时间，然后在日历上做好标记。很多事实证明，这个办法可以帮助企业管理者和员工完成列表中的任务，也可以提高企业成员对时间的估算能力，尤其是人们来到新的工作岗位或者在接到了一份新任务的时候，如果能够从每一项任务的估算时间中寻求到帮助，那么这会在很大程度上提高员工们的工作效率。

实际上，无论你从事哪一种行业，也无论管理者之间的差异多么大，都应该记住一条永恒的成功法则：时间管理就是人生管理，如果企业管理者不能管理好时间，自然会降低企业的效率，为企业遭遇发展危机埋下伏笔。因此，若想管理好时间并提高企业的效率，企业管理者必须懂得节约时间，而节约时间，提高效率的主要方式就是将相对较短的时间段作为管理对象，企业管理者需要研究的问题就是如何在这相对短的时间段内提高员工们的单位时间工作效率，以此来创造更多的效益。从另一个角度讲，如果企业能够提高效率，无疑就达到了“时间增值”的目的，因此很多企业都喊出了“效率第一”的口号。

事实上，无论在这个世界上从事任何行业或职业，所有快乐的成功者都有一个相同的特点：他们知道时间管理就是人生管理。在成千上万成功者的故事当中，我们几乎无法找到任何一个条理不分明，做事无效率的主人公。

提高效率可以把日常生活中相对比较短的时间段，如一天、一周、一个月或者几年来作为管理对象，研究如何充分发挥在单位时间里的效率。从一个时期来看，因在单位时间里提高效率所带来的时间增值，还能使我们拥有更多自由时间，享受更加丰富的生活。

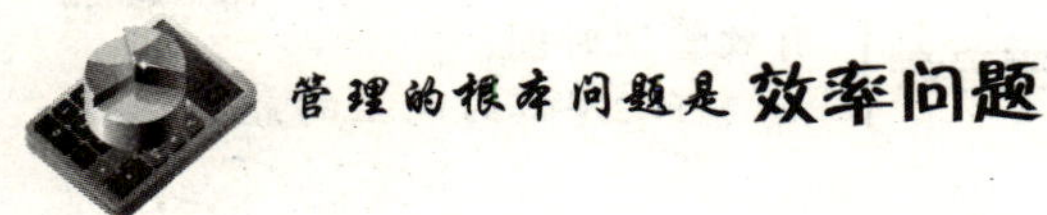

3. 挣脱“时间枷锁”——如何高效率地使用时间？

很多管理者都会发现企业中存在这样的现象——很多员工在正常的工作时间中忙忙碌碌，却仍然要将大量的工作带回家完成。此外，很多员工都会在休息的时候思考自己在空闲时间应该做些什么，但是这些人实际上总是匆匆忙忙的，回到家里也感觉疲惫不堪。实际上，这就是一种对时间的安排不合理造成的现象，正是这种现象从整体上降低了企业的效率。加利福尼亚州伯克利大学的社会学教授阿莉·拉希尔·霍克希尔德用了这样一个词来形容这个现象——“时间枷锁”。

为了弄清楚“时间枷锁”的真面目，霍克希尔德花费了三年的时间对来自世界500强企业总部的员工们进行了一次研究。在调查研究中，霍克希尔德发现了这样的现象——一些脚踏实地工作的人总是忙忙碌碌，感觉到时间紧迫，从这个角度出发，霍克希尔德提出了“时间枷锁”的概念，同时霍克希尔德也将一个疑问留给了人们：时间紧迫一定对企业的管理和发展有益吗？

> 在提出了“时间枷锁”的概念之后，霍克希尔德认为：“对于企业来讲，挣脱时间枷锁的最主要的方法就是集体行动而不是个人行动，这就对企业的管理者提出了更高的要求。”

实际上，霍克希尔德的这番言论实际上是在反驳“时间枷锁就是一个纯粹的个人问题，应该用个人战略来对付时间枷锁”的观点。受到霍克希尔德观点的影响，依靠集体行动成功突破时间枷锁成为人们采用的方法。在学习如何突破时间枷锁的方法的时候，这些人经常参加摔跤、打猎等集体活动，而这些活动的确给了人们带来了很大的启发。如果企业管理者能够意识到集体活动在打破时间枷锁方面的重要性，必然能够受到启发，进而为企业寻找到一个加强管理、节约时间的提高效率的方法。通常来讲，打破时间枷锁的方法主要有以下几种：

（1）关注真正重要的事情。

斯坦福大学药学院压力管理研究员肯尼斯·R·佩尔蒂埃博士曾说，智慧在真正的危机中是随处可见的，因此很多人都知道应该先做重要的事情。佩尔蒂埃博士曾经举例：“当一个孩子生病了或者他的亲人死亡，我们一定会迅速且清晰地暗示或提醒他应该首先做的最重要的事情是什么。”

与佩尔蒂埃博士的想法相似，富兰克林—科维公司的荣格·梅丽尔也曾说：“对于任何人来讲，忙得不亦乐乎总是十分容易，但是让自己的忙碌产生效果则难得多。”梅丽尔认为，如果让企业的员工在较短的时间内完成较多的工作，无疑会让员工背上沉重的压力。同时，梅丽尔还一针见血地指出，企业成员十分容易混淆紧急事情与重要事情的概念，因此企业成员总是沉溺于紧急的事情。从这个角度讲，如果企业管理者希望提高自己的管理效率和时间的使用效率，不妨先分清工作的轻重缓急，然后先从重要的工作入手，这样必然会使时间的使用效率得到进一步的提高。

（2）制定每天或每周的主要计划和主要目标。

很多聪明的企业管理者会从工作、杂事、家庭活动和休息时间等不同的角度对时间进行管理分类，同时还会注明自己在各项活动中所要花费的时间。同时，企业管理者应该注意的是，一旦为自己制订了这样的计划，就要严格地按照自己的计划行动。如此一来，企业管理者就会在一周之后清楚地看到自己花费在各项活动上所花费的时间有多少，进而可以了解自己是否将大部分的精力用来处理重要的事情上，而这也将为企业管理者制定下一个星期的计划提供依据。

虽然制定每周计划对提高企业管理水平和效率有很大帮助，但是如果企业管理者并没有将自己制定的计划付诸实践，这些计划也就不会起作用。正确的做法是，企业管理者一旦制订了每周计划，就要在一个星期开始的时候将这些计划具体化。因此，建议企业成员每个星期都应该聚集在一起交流自己在下个星期的职责和主要任务目标，而管理者和其他的同事们将会帮助他人分析哪些事情紧急但是不重要，而哪些事情才是紧迫又重要的事情，并且选出与企业发展的长远目标密切相关的事情。

但是，对于企业成员来讲，在每一天的工作开始的时候完全可以如此正式地列出应该优先完成的重要工作。著名的极地探险者斯坦福·佩尔蒂埃在评价这种方法的时候说："这就类似于一个简单且具有迷惑性的练习，但是这种练习却可以帮助人们将大部分的精力用来关注一些重要的工作，而不会使人们在一天或一个星期结束的时候懊悔或沮丧。"

（3）企业管理者要为自己树立长远目标。

斯坦福·佩尔蒂埃曾经这样告诫人们："你完全可以沿着赤道飞速行走，但是你永远无法到达北极。"实际上，斯坦福·佩尔蒂埃之所以这样讲，是因为他希望告诉人们，企业及其成员只有在经过长途跋涉之后才能够清楚自己最希望看到的结果是什么，从而树立长远目标。安德鲁·J·杜布林是罗切斯特技术研究所的资讯与管理教授，他也十分支持这种做法，并且给出了这样做的充分理由："从某种意义上讲，长远目标能够给生命带来辉煌的前景，这个辉煌的前景会让人们更好的处理好工作、家庭、组织和自身的关系，也可以使人们能更理智地面对挫折。"

但是，企业管理者应该注意的是，认识到这一点固然正确，然而这并不意味着必须按照这种观点进行自己的每一次活动，这样做的唯一结果就是使企业和自己重新被时间枷锁束缚。可是，如果企业领导者能够将这个目标记录下来并且将其摆放在一个能够看到的位置上，时常提醒自己，长此以往，企业管理者就会发现，自己已经十分清楚哪一项任务才是最重要的了。

（4）企业领导者不应该忽视自己和员工的精神需要。

斯蒂芬·科维在其一本名为《高效能人士必备的七种习惯》的著作中引用了马丁·卢瑟的一句话："无论我今天有多少任务需要完成，我都会用一个小时的时间来阅读”。实际上，斯蒂芬·科维利用这句话来传达这样一个观点，这就是精神需要对人们的重要作用。此外，科维和荣格·梅丽尔都认为，如果企业管理者能够经常阅读富有灵感的古典名著，能够提高自身的精神层次的追求，就会在有限的时间内做更多的事情。不但如此，对于企业管理者来讲，满足员工的精神需要对提高企业的时间利用率和整体的效率也十分有益，也会使企业的管理水平进入一个新的阶段。

4. 浪费时间的管理者——他们是企业中的害虫

每个人都有作出错误决定的经历，然而即使是专家也无法预测错误的决定究竟会为企业带来何种结果，因此许多企业管理者经常陷入了成本陷阱，这些管理者担心即使在正确的时间内做出了错误的决定会使企业承受错误的结果。实际上，这些企业管理者在犹豫中，无形中等于浪费了企业的时间。而一些聪明的企业管理者会告诉自己手下的决策者，即使他们没有作出正确的决定也不会受到惩罚，而这个方式就避免了企业进入浪费时间的恶性循环中，进而为企业提高管理水平和效率。

美国哈佛大学商学院的教授戴维·E·贝尔曾经说："一个优秀的管理者必须忽略沉没成本并且放弃错误成本导致的错误决定，因为企业管理者不得不考虑未来的成本和利润。"他常常这样问企业管理者："你必须为企业考虑未来的成本和利润，那么，你愿意抱着不切合实际的希望而继续艰难地执行原有的错误决定，还是愿意接受决策错误的事实呢？"如果企业领导者能够认识到决策的错误并且及时改正，无疑会避免浪费时间的现象。从这个角度讲，能够及时地改变或放弃错误的决定才是一个优秀的企业管理者应该具备的智慧。哈佛大学商学院的名誉教授霍华德·雷法说："人们常常通过结果来判断一个人，这是一种不幸的现状。如果决策者没有改变现状的意向，同时其他人也不愿意负起责任，那么即使是好的决策也会导致令人失望的后果。对于企业管理者来讲，在做决策时也应该考虑一切因素，否则就会因为自己的决策可能带来的坏结果而忧心忡忡。而一个终日里对坏结果忧心忡忡的人则更加倾向于原来的计划而不愿意改变。"可见，如果企业管理者的决策错误，必然会导致企业将更多的成本投入到这项几乎不会盈利的项目中，进而导致企业在这些项目上浪费大量的时间。从另一个角度讲，企业管理者因为担心坏结果而不肯改变自己的错误决策也是管理者的弱点，而这将会降低企业整体的管理水平。

除了以上论断，霍华德·雷法、约翰·S·哈蒙德和拉尔夫·L·基尼曾经联合写过一本名为《隐藏在决策过程中的陷阱》的图书。在这本著作中，这三位专家还提出，决策者通常更加愿意维持现状而反对另辟蹊径。对此，霍华德·雷法指出，如果决策的实施情况失控，管理者也不愿意对原有的决策进行大改动，而是愿意进行小修小补。究其原因，很多管理者都认为如果继续将决策实施下去，事情也许会碰巧出现转机；相反，如果决策者承认决策错误，也不会在短时间内重新作出决策。此外，即使管理者意识到了决策的错误，但是在外部强大的压力下，通常也不会及时改正，反而会将错就错继续在错误的道路上行走，而这种做法无疑会使企业将更多的时间浪费在错误的决策上。改变这种现象的方法十分简单，有以下几种：

（1）恰当改变“时间等同于金钱”的观点。

香港科技大学营销学教授迪利普·索曼在研究了众多的企业案例之后，提出了这样的观点：“如果企业管理者把时间等同于金钱，则很容易陷入沉没成本的陷阱。”此外，迪利普·索曼还曾经在《行为决策》期刊上发表了一篇文章，在这篇文章中，迪利普提出了如下的观点：“当企业的投资过时的时候，就会出现大量的沉没成本。同时，由于人们过分注重于评估时间的价值，所以人们总是将投资所花费的时间转化为相应的金钱投资，因此这些企业管理者作出的决策反而更容易被时间成本所扭曲。”

（2）如果管理者决策错误，那么不要继续在错误的决策上追加任何投资。

很多专家认为，在一个失败的产品或者决策上再追加投资是属于不明智的举动。事实的确如此，当企业产生沉没成本之后，很多企业管理者都希望能够追回沉没成本，而此时的企业管理者却很容易犯浪费时间的错误——对不可回收的投资项目进行再投资。此时，很多企业管理者会说，如果继续投入一定的成本，我们一定能够补偿此前的投资和损失。一些专家提醒企业管理者，千万不要使自己陷入这个推理的陷阱，因为管理者真正的智慧并不在此，而在于能够忽略以前的投资成本和利润。正确的做法是，当企业管理者得知自己的决策错误的时候，应该把大部分精力用来预测将来可能得到的回报。但是，很多企业管理者常常把投资看作金钱，而管理者也常常在投资的时候分不清重点，因此更倾向于给过去的项目投资。

（3）不要单纯地为了使曾经的决策合理化而作出新的决策。

在企业界，很多企业领导者常常犯一个错误，这就是在为证明一项决策合理的情况下就匆忙制定并且实施该决策，正是这种做法导致企业中出现了沉没成本进而导致企业出现了浪费时间的现象。导致这种现象的原因就是，企业管理者在做决策的时候并没有充分征求其他企业成员的意见。研究专家们发现，很多企业管理者在制定决策的时候仅仅考虑自己上司的意见却并没有考虑其他的意见，而聪明的企业管理者在不清楚是否应该制定并且实施某项决策的时候总是选择倾听外部的声音，尤其会听取一些持有不同意见者的观点。加州大学刘易斯安杰利斯分校的施劳莫·贝纳兹和芝加哥大学的理查德·塞勒曾经提出过一个观点："导致企业陷入沉没成本的原因正是决策者的目光过于短浅和闭门造车的迂腐做法"，正因如此，企业才出现了一些浪费时间的管理者，正是这些管理者导致了企业效率低下。

改变这种现象的方法十分简单，就是更换思路。很多企业的发展经验都告诉我们，在更换思路之后自然会避免恶性循环的出现。例如美国航空公司在1995年面临被出售的情况时，人们纷纷猜测，美国航空公司的购买者会买两家更大的航空公司其中的一家，这两家公司分别是美洲航空公司和美联航。人们猜测，这两家公司一定会跃跃欲试并且为了保全自己的面子而不惜花重金来抬价竞标的。而结果却出乎人们的意料，美洲航空公司竟然从这个不确定的投标中巧妙胜出。那么，美洲航空公司究竟是如何做的呢？

原来，在美国航空公司被出售的时候，美洲航空公司便早早地放出风声，它声称，只有当美联航投标之后，美洲航空公司才会投标。实际上，美洲航空公司是在暗示，只有美联航投出标后，它才会发起投标大战并且进行到底。事实正如美洲航空公司所料，美洲航空公司并没有投标，因此其竞争对手美联航处于不知所措的位置。而美洲航空公司也就用这种方法成功摆脱了耗费金钱的现象。

（4）企业管理者应该关注决策本身而并非决策结果的质量。

在企业管理中，有一个比较普遍的现象——很多人都十分关注决策的执行状况。即使决策出现错误，企业管理者也不愿意将其放弃，而是对决策进行小修小补之后继续实行，这就使得公司继续在错误的轨道上行走。霍华德·雷法曾说："通常来讲，人们墨守成规的做法和疏于思考的行为是导致沉没成本出现的重要原因。一旦人们发现他们做出的决策的运行状况并不令人满意，但基于种种原因，他们仍然会尽自己最大的努力维持现状，因为他们害怕变革，而聪慧的企业管理者则能够看清这一事件的前因后果，并且能够成功地摆脱这个陷阱。"毫无疑问，这才是能够为企业节省时间的管理者。

以上就是专家们在研究了多个企业案例之后给众多的企业管理者提出的建议。同时，这种企业界中普遍存在的现象也告诉人们这样一个道理：很多人都把时间看作金钱，企业管理者也不例外。然而，不同的企业管理者能够直接抛开曾经错误决策的能力是不同的，因为很多企业管理者都更习惯拥有或占有资金，却分不清哪一项任务才是重点。此外，一旦企业管理者面对信息匮乏或时间不足的情况，管理者很容易采用被大众熟知的方法——启发性判断策略来帮助自己作出决策。然而，这个决策过程将不可避免地混入决策者的心理因素，这将使企业管理者在认知上出现偏差，这也就是导致企业出现时间浪费现象的主要原因之一。此时，减少时间浪费的最好办法就是停止实施决策，很多企业管理者不断浪费时间的原因正是不愿意面对错误的决策带来的结果，而一些开明的企业管理者则清楚，此时最佳的选择就是停止实施决策。正如巴菲特所说："当一个人发现自己陷入坑中的时候，最好的选择就是停止挖坑。"

由此可见，减少时间浪费的方法并不复杂，只需企业管理者及时的转变观念，不要过于关注结果，一旦发现决策失误时，及时停止错误决策，这样必然会提高企业和自己的管理水平，并且为企业节省更多的时间，获得更多的利润。

第四章 高效管理是对客户最好的回报：客户只认可最高效率的管理团队

哈佛大学商学院的迈克尔·波特教授认为：客户对于企业产品的要求就是企业生产改进的方向，因为客户代表着市场需求，他们懂得消费者需要购买什么样的产品，需要什么样的服务，所以他们的意见往往能够有效地提升企业的效率。对于一个企业管理者而言，高效就是对于客户最好的回报——将客户的意见以最快、最有效的方式反映在产品和服务中，就是赢得客户认可的最好方式。而提升产品和服务的质量需要效率，但是效率是不易产生的——一个高效率的企业就是因为有一支高效率的管理团队，才能得到客户的认可。所以，对于企业管理者而言，要想更好地回馈客户，那么最好的方式就是打造一支高效率的团队。

 1. 客户的评价越高，企业的效率越高

牛津大学的管理学教授斯蒂文·力克埃尔说：“企业是有生命的，它们也有着孩子般可爱的一面，当客户对企业产品和服务评价越高之时，企业往往能够产生更高的效率，因为客户的好评就是对企业最好的激励和奖励。”

在企业中，每一个企业管理者都会组建自己的管理团队，通过责任到人、分工到位的方式提升企业的效率，让企业在高效的状态下快速地运转，这样才能够生产出客户满意的产品、向客户提供满意的服务，从而让自己的企业获得更大的利润。所以说，组建一支高效率的团队，不断地赢得客户的好评，让企业获得源源不断的推动力，同样也是让企业以效率换取利润的良好途径。

在英国有一家小型咨询公司，老板叫威廉姆斯·内森。威廉姆斯在工作中表现得非常努力，虽然他的公司只有几十个人，但是他从来都不

会放松对于自己的要求。在威廉姆斯创业初期，员工仅仅十多人，但是由于他和员工们的关系非常融洽，因此公司的成员之间非常团结，每一个人都努力工作，工作效率非常高。

正是由于工作效率高，因此威廉姆斯的公司才深受客户的好评。更为重要的是，客户的好评成为了员工们追求更高的工作目标的动力。在工作中，每个员工都会讲究工作的方法，寻找最快、最好的工作方式与思路，倾尽全力为公司的发展而努力。可以说，就是在这样一种高效率的工作状态中，威廉姆斯的公司迎来了巨大的发展动力，公司的规模在短短的几年内就扩大了好几倍。

而公司的规模扩大之后，威廉姆斯却被眼前的成功冲昏了头脑。他认为公司能够发展到今天都是自己一个人的功劳，和其他的员工没有什么关系。更令员工们痛心的是，威廉姆斯竟然将客户的好评全部看作是自己应该得到的奖赏。用他的话来说就是："我提供了很好的服务，别人自然要给我好评，这就是一场等价的交换。"可是令威廉姆斯没有想到的是，他的这种做法很快就让公司陷入了发展的困境，因为员工都对他的做法感到不满，此时企业的效率大大下滑，导致大量的客户流失。

有道是："吃一堑，长一智。"威廉姆斯在发现了问题之后，立刻改变自己的不良做法——他开始选择公司中最有职业精神的员工进入管理层，以"高效的管理层带动企业的高效"这一方式来运营公司，重新让自己的公司回到正轨，并且将之前流失的老客户都重新拉了回来，再次赢得了客户的好评。

从上面这个案例中可以看出：一个企业能否具有足够高的效率，关键在于企业管理者是否会选择从客户思考的角度去发散自己的思维、改进自己的工作方式——只要企业管理者在工作中能够以客户的利益作为出发点，就会赢得客户的信赖与认可，最终让客户成为企业最好的“监督者”，从而提升企业的效率。

美国著名管理学家唐纳德·C·伯纳姆在他的代表作《提高生产效率》一书中提出：“假若一个企业管理者的工作目的中没有为客户服务这一项，那么他就是一个不称职的企业管理者，他的业绩注定不会太好。”实际上，对于任何一个企业管理者来说，提高企业的生产经营效率应该从客户的需要着手——“如何以最快的速度做到让客户满意的程度”，这一概念应该成为他们管理工作中的出发点。

艾尔·安德鲁斯是美国谷歌（Google）公司亚洲营销部的一个主管，他管理的部门有十几个人，其主要业务就是拓展广告业务。在他刚刚当上部门主管的时候，他就非常注意照顾客户的情绪，总是能够非常及时地听取客户的意见，因此他跟许多客户都保持着良好的关系，他们不仅在工作中是生意伙伴，而且在私下里也是不错的朋友。

2004年的时候，由于部门的业务量大增，艾尔·安德鲁斯已经忙不过来了。为此，总公司给他派来了一个助手——亚裔美国人乔治。乔治是从哈佛大学商学院毕业的硕士高材生。和很多的高材生一样，乔治也是一个非常自傲的人。他在进入部门的第一个月就对艾尔·安德鲁斯的做法表示了不满，他认为艾尔·安德鲁斯在和客户谈判的过程中，太过于迁就客户了，这样会造成公司的损失。因此，在此后的工作中，他很少去执行艾尔·安德鲁斯安排的工作计划，而是自己做自己的。

乔治的做法使得部门的很多计划都不能完成，而且破坏了部门原有的工作氛围，导致工作效率大大降低，而且也令很多的客户感到不满，

部门业绩日益下滑。艾尔·安德鲁斯对此非常生气，多次和乔治起了冲突。不过，乔治依然我行我素，还是不听艾尔·安德鲁斯的安排。

无奈之下，艾尔·安德鲁斯只好向上级部门反映情况，坚决要求调离乔治。最后，上级部门迫于艾尔·安德鲁斯的强烈要求只好调走乔治。而在乔治被调走之后，艾尔·安德鲁斯再次使部门的效率得到很大提升，同时部门的业绩回到了之前的水平。而那个不重视客户因素的乔治也反思了自己，意识到了客户的重要性，现在已经成为谷歌公司的一个部门主管，因为他从艾尔·安德鲁斯那里学到了为客户考虑的重要性。

我们可以从上面的案例中看出：懂得为客户着想的管理者，往往能够得到客户的信赖，而这种信赖就能够为企业增加效率，并且增加企业的利润。

对于任何一个企业管理者而言，客户的好评就是一种精神上的推动力，因为企业管理者的职责不仅要让企业在高效的状态下获得快速的、高质量的发展，还有一个职责就是要尽可能地满足客户的需要。所以，对于每一个想要提升企业效率，让自己的工作卓有成效的企业管理者来说，实现这一切的最好方式就是努力获得客户更多的好评，让企业的效率随着客户的好评的增多而不断提升。

2. 差别就是力量：坏评价激发新动力，进而提升更高效率

不同的企业生产的产品或提供的服务都是有差别的，而这种差别往往显示了不同企业实力的差距。正是基于这一管理学原理，杰克·韦尔奇说："企业管理者应该多听听客户的意见，看看客户是如何评价自己的产品和别人的产品，从而找出自己的产品和别人产品之间的差异，做到保持优势、缩小差距，就能够让自己成为市场上最有力的竞争者。"

如果我们在杰克·韦尔奇的观点上再前进一步，以逆向思维的方式去思考，就会得出这样的结论：

> 当客户对于我们的产品或服务提出否定意见时，那么就说明我们的产品或服务距离客户需要的产品或服务还有很大的差距，而客户的差评有多差，就代表着我们的产品或服务还有多大的提升空间——产品或服务上的差距往往就是效率上的差距，而企业管理者就应该根据客户的负面评价来提升企业的效率。

20世纪90年代初期，全球软件公司“巨头”——美国的宝兰公司掌握着全球软件市场上一半的份额。可是，在经过十年的发展之后，在1999年的下半年开始，宝兰公司便开始出现了巨额亏损。2000年初期，曾经显赫一时的宝兰公司的总资产仅剩下3000多万美元，和其巅峰时期的季度销售额就高达5亿美元的时候相比，可谓天壤之别。那么，是什么原因使得美国宝兰公司在全球IT业高速增长的十年间，竟然成为全球IT业中最大的失败者呢?

回顾宝兰公司在这十年的发展历程，就可以明确促使其走向了破产的最主要原因——该公司在研发生产的过程中基本上没有参考客户的意见。在1998年的时候，很多媒体都对宝兰公司的产品设计和企业的生产效率提出了质疑。华盛顿的一家IT报纸更是不留情面地指出：“宝兰公司生产的产品就是一种垃圾，低下的产品设计理念和无效率的生产状态，只能给更多的用户家中增添垃圾。”而就在企业产品质量下滑和生产效率低下的恶劣生存状态中，占据全球软件市场“半壁江山”的美国宝兰公司并不以此为戒，而是继续浪费。比如说，该公司在办公室顶层修建的一个大型水池，光是对水池维护费每年就要花费十万美元。

在宝兰公司陷入财务危机的时候，记者采访微软公司的创始人比尔·盖茨，让他谈谈对老对手宝兰公司的看法，比尔·盖茨只是简单地说了一句话：“他们没有从客户的评价中醒悟过来，而且没有效率，最后就成了这样的局面。”

我们可以从美国宝兰公司的案例中看出：如果企业管理者不能够从客户的负面评价中找到效率的提升点，那么这样的企业管理者就是一个失败的管理者，而他所管理的公司肯定会像宝兰公司一样陷入发展困境。

可以说，在当前这个竞争异常激烈的年代，还有很多企业管理者拥有像宝兰公司管理者一样的思维。那他们的管理工作无疑不会对企业产生多大的成效，更不能大幅度地提升企业的生产经营效率。

哈佛大学商学院的迈克尔·波特教授说："客户的负面评价对于企业来说，都是一种很有利的东西，它能够让企业管理者重新调整企业的生产格局，激发员工的工作积极性，从而让企业获得新的动力，让企业的效率得到进一步提升，使企业获得更多的利润。"

对于每一个企业管理者而言，客户的负面评价虽然不中听，但是这些话无疑是促使企业拥有更高效率的"灵丹妙药"。所以，企业管理者在听到客户对于自己的产品和服务提出一些负面的评价之时，应该仔细去聆听。看看客户哪里说错了，说错的地方可能就是我们产品和服务的优点，我们应该继续去发扬；而客户的负面评价客观的地方，那就是我们的产品和服务中所欠缺的地方，这就需要我们对其进行改正。就像杰克·韦尔奇所说的："一个企业管理者能够虚心地听取别人的意见是他不断成功地基石。"因此，企业管理者要想成为像杰克·韦尔奇那样出色的企业管理者，就应该谦虚地听取客户提出的负面意见，并且对此加以改正。

京都陶瓷集团是当前世界上最为著名的企业之一，其创始人稻盛和夫在创建企业的过程当中，一直将客户的评价看作是企业改进的重要意见，尤其是对于那些负面性评价，稻盛和夫更是作为改进企业生产经营的重要参考意见。

1975年的夏天，稻盛和夫接受冲绳的一家企业的邀请前去参观考察。当时，稻盛和夫的京都陶瓷集团已经成为日本比较著名的企业。所以，当稻盛和夫到达冲绳的时候，接待他的不仅仅有这家企业的领导人，连冲绳当地的官员和名流也出席了接待会。

在接待会上，接待方邀请当地最著名的一家歌舞团为稻盛和夫表演了当地著名的舞蹈，而且高度评价了京都陶瓷集团的产品和稻盛和夫为社会做出的贡献。对于这些好听的话，稻盛和夫和以往一样保持谦虚的态度——记在心底，并鼓励自己继续努力工作。

在宴会达到高潮的时候，一位冲绳的参议员站起来对稻盛和夫说："我认为京都陶瓷集团并不是勇于承担社会责任的企业，京都陶瓷集团作为一家知名企业，有责任为冲绳的通信事业尽到责任和义务，现在的冲绳居民打电话极不方便。"这位参议员的话音刚落，在座的人几乎都惊呆了，但稻盛和夫除外。此时的稻盛和夫微笑着站起来说："谢谢你告诉我这些，我们会马上改进的。"

这次冲绳之行结束之后，稻盛和夫一回到总公司，立刻就召集下属来讨论如何解决冲绳居民的通信问题。在经过商讨之后，大家一致决定在冲绳设立一家电话公司——1986年，京都陶瓷集团联合当地的企业合资成立冲绳赛罗拉电话公司。在冲绳电话公司成立之后，除了会长和一名董事是由京瓷集团派人担任之外，包括社长在内的所有领导职位都由冲绳本地人担任。

事实上，当时的冲绳并不在京都陶瓷集团的计划之内，而且也不是经济圈。然而稻盛和夫之所以这样做，就是要让所有人明白，京都陶瓷集团并不是一家不承担社会责任的企业，而是一家能够积极地听取并采纳客户意见的企业。

我们从上面这个案例可以看出：积极地听取客户的评价并采纳客户的意见，是任何一个企业管理者都应该拥有的胸怀。企业管理者应该像稻盛和夫一样对客户提出的好的评价要做到谦虚且继续努力，而对于不好的评价更应该冷静地去接受、去思考，从而找出企业的不足之处，然后努力地弥补不足，最后企业会在客户的评价和监督下逐渐完善，企业的生产效率不断地提升，从而让企业获得强大的发展竞争力。

那些提出负面评价的客户往往都是企业最需要的客户，因为他们就是映射企业不足之处的那面镜子。因此，对于那些想让自己的生产和经营效率不断提升，同时也想获得发展竞争力的企业管理者而言，就应该努力地打造乐于从客户的负面评价中获得管理机制的管理文化——只有企业所有成员都乐于接受客户的建议和监督，才能够让企业真正地发展起来。

3. 合理分配精力——保留足够多的精力去服务客户就是在提升效率

对于企业管理者而言，不仅要和自己的员工打交道，而且要和客户打交道——员工是企业的内在动力，客户是企业的外在动力，只有内力和外力相结合，才能让企业更好地运转，在高效率的状态下迅速发展。

此外，企业管理者不仅要合理地安排工作中的每一个项目所需的时间，还应该从客户的需要出发，花费足够多的精力去对待。所以，当企业管理者的工作时效和优先权都安排妥当之后，就应该花费足够多的精力和客户打交道，处理好与客户的关系，集中精力去解决客户最关心的问题，并且从客户那里不断地得到改进的意见，从而尽可能地将工作一次做到位，减少不必要的返工，从而提升企业的生产和经营效率，增加企业的利润。

美国费城纺织机械制造公司的总经理詹姆斯·鲁滨逊在讲述自己处

理客户关系的经验之时说："过去我认为直接将当场发生的事情彻底解决掉，就会让企业的效率提升到最大。可是后来我发现，作为一个仅仅会提升企业效率的管理者是不合格的，因为你还没有将企业的效率提升到最大，当你懂得让客户帮助你提升生产效率的时候，你就是一个优秀的企业经理人。"

正如詹姆斯·鲁滨逊所说的那样，一些经验丰富的企业管理者，每天都会有很多"突如其来"的事情，总是为这些计划外发生的事情忙得焦头烂额——那些很多"突如其来"的事情往往都是客户提出来的，因为客户是最容易发现问题的人，毕竟客户的需求就是由企业提供的产品和服务去满足的。所以，一个合格的企业管理者就应该像詹姆斯·鲁滨逊一样，积极地与客户探讨所出现的新问题，不断地去完善企业的产品，从而大大提升企业的生产和经营的效率。

一次，杰克·韦尔奇在通用公司给新提拔上来的一批中层管理者讲课。上课时，杰克·韦尔奇拿出了一个广口瓶和一堆鱼丸一样大小的鹅卵石，当着所有学员的面将这一堆石头一个个放进去，直到放不下为止。然后，杰克·韦尔奇问道："这个瓶子装满了没有？大家回答一下。"

学员们齐声回答道："装满了。"

杰克·韦尔奇在听了学员们的回答之后，又拿出一小桶的黄豆粒大小的小石头，一边摇晃着一边往瓶子中倒石子，小石子都从大石头的缝隙中钻进去了。然后杰克·韦尔奇问学员们："瓶子都装满没有？"

这一回，学员们都提高了警惕，有的说："瓶子应该没有装

满吧？”

“对，大家说得很对。瓶子还是没有装满。”杰克·韦尔奇一边说一边拿出一袋细沙，然后又是一边摇晃着瓶子一边往里面倒细沙，没过多久，细沙子就填满了石头和石子之间的缝隙。这时候，杰克·韦尔奇又接着问道“瓶子这回装满了没有？”

这一次，学员们都看得非常清楚，石头和石子之间的所有缝隙都被填满了。于是，大家异口同声地回答道：“装满了。”

“不，还没有呢！”杰克·韦尔奇一边说一边又拿出了一瓶水。紧接着他把这一瓶水给倒了进去，直到瓶口已经溢满了水。这次杰克·韦尔奇又问道：“瓶子这回装满了没有？”

这一回，几乎所有的学员都认为瓶子中没有了空隙，于是再次异口同声地回答道：“装满了。”紧接着，杰克·韦尔奇将瓶子中的东西全部倒了出来后，他说道：“这回是个空瓶子了，我之所以这么做就是要告诉大家，当你们在管理企业的时候，总会碰上很多突发状况，而这些突发状况大多数都来自于客户那里。所以你们一定时刻准备着帮助客户去解决问题，以此来提升工作效率，只有这样才能够让自己的管理更有效。”

我们可以从上面这个案例中看出：对于任何一个企业管理者而言，客户是自己管理工作中的重要服务对象，因此除了要花费大量的精力管理企业之外，还得花费充足的精力去服务客户，争取每个项目都能一次性过关，减少不必要的重复浪费，从而大大提升企业的效率，使得企业和客户之间实现“双赢”。

事实上，用足够的精力来服务客户，这对于任何一个企业管理者来说都是一个挑战，毕竟企业管理者的工作都很繁重。那么，企业管理者该如何去做才能够挤出足够多的时间和花费足够的精力去服务客户呢？彼得·德鲁克教授认为，企业管理者合理分配时间和精力可以从以下几个方面做起：

（1）做最重要和最紧迫的事情。

对于一名掌管着很多人的企业管理者而言，要想合理分配时间和精力去服务客户，以提高企业效率，那么就必须懂得首选最重要和最紧迫的事情来做，因为最重要和最紧迫的事情做完之后，其他的工作可以转交给其他人去做。此外，企业管理者必须亲自去做一些决策性的工作，那样才能放心让下属去处理剩下的工作，从而为自己留出足够多的时间和精力去服务客户。

（2）做自己该做的事情。

对于企业管理者而言，一定要善于使用授权这一管理方式，不要总是事必躬亲，连下属的工作都给做了。毫无疑问，这样的企业管理者肯定不能留出多余的时间和精力为客户服务。

哈佛大学商学院的迈克尔·波特教授说："合理的授权能够让时间变得更加的充裕，才能够让经理人拥有更充沛的精力参与到客户的服务中去，从而保证企业的生产速度和生产质量。"可以说，企业管理者应该信任自己的员工，放心地将工作分配下去，让自己能够节省出更多的时间和精力。

（3）在做每日计划的时候应该为自己留出一定的时间和精力。

杰克·韦尔奇说："每天给自己一个计划，这是优秀的企业管理者的必做功课，但是千万不要被计划束缚，因为客户会随时打电话过来告诉你，他希望和你喝杯咖啡，所以千万不要把和客户喝咖啡的时间都排除在计划之外。"

可以说，企业管理者每天都应该为自己制定一个工作计划，但是不能像杰克·韦尔奇所说的那样，将所有的时间和精力都融入到工作计划中去，那样如果有客户访问，必然不能完成计划，就会影响很多的工作。所以，企业管理者可以每天在自己的工作计划中安排一些有弹性的工作，如果有客户来访，那么就将那些不太重要的工作交给下属去做。

（4）集中精力抓关键，保留精力待客户。

总之，一个企业管理者要分配出足够的精力去接待客户、服务客户，这对于他们来说是非常重要的。所以，他们在工作中一定不能拘泥于工作计划，应想尽办法努力去找适合自己的节省精力的方法，努力做到既不耽误企业的日常经营管理，又能够更好地服务于客户，从而让企业的效率得到提升，最终成功打造出一个高效率的企业。

第五章 有效沟通才能产生有效管理：高效是有效沟通的战利品

每一个在职场奔波的人都有属于自己的梦想，每一个企业也都有自己的发展目标。而企业若想完成自己的发展计划，就不能离开企业成员间的相互沟通、配合和协作。只有所有的企业成员密切配合，才能够在每一个环节中将企业决策落实到位。在企业中，不同职位的人分别扮演的不同的角色，例如企业领导者是设计决策、制定目标的人，管理者则是执行的桥梁，而员工才是真正的执行者。因此，如果企业成员之间缺乏有效的沟通，执行必然会成为一个空壳，而企业也会因此损失大量的利润。

1. 顺畅沟通：扫清高效路障

在现实的社会中，企业成员来自许多不同的地方，这些企业成员一开始都是在一种完全陌生的状态下在一起工作的，因此在工作中，人们不可避免地会遇到不协调的状况，而此时的人们则需要花费大量的时间和精力来处理同事之间的冲突和误会。实际上，这是企业成员没有及时地进行沟通所造成的结果。

在一个团队内部，如果成员没有默契，团队自然不会创造效益。同样，在企业内部，如果企业成员没有及时地进行沟通，就不会达成共识，因此企业管理者应该鼓励自己身边的每一个企业成员大胆地说出自己的想法，同时从企业长远发展的角度上考虑问题，充分利用每一次沟通的机会，为企业创造更多的成功机会。从企业的角度考虑，只有成员之间能够充分交流，才能够提高团队的凝聚力和企业的竞争力，进而为企业创造更多的利润。

《圣经·旧约》讲过这样一个故事：最初，人类的祖先讲的都是同一种语言。后来，祖先们在底格里斯河和幼发拉底河之间发现了一块风水宝地，这是一块肥沃的土地。祖先们决定在这里定居，于是他们修建城池，建造了异常繁华的巴比伦城。在这富饶的土地上，祖先们的生活越来越富裕，甚至为自己所取得的成就感到骄傲。因此，人们决定在巴比伦城建造一座塔来传颂和纪念自己的丰功伟绩，同时这座塔还将成为召集全天下同伴们的标志，避免大家走散。由于大家言语相通、同心协力，因此高塔的修建过程十分顺利，很快高塔就耸立入云。

后来，这件事情被上帝知晓，上帝不允许人类达到他的高度，因此又惊又怒。上帝想，怎样才能够阻止人们修建高塔的进程呢？想来想去，上帝决定使人类的语言混乱，变得言语不通，于是派了远在他国的工匠来和巴比伦人一起修建高塔。果然，由于言语不通，沟通不良，人们变得相互猜疑，各执己见，经常发生吵架斗殴的事件。同时，因为人类语言不通，所以人们无法交流感情，而建造高塔的思想也得不到统一，因此人类只好停止了修建高塔的工作。而沟通不良，也成了人们之间误解的开始。

现在，这个记载在《圣经·旧约》中的故事也成了一些聪慧的企业管理者常用来启发下属的案例。因此，若想让企业成长为高耸入云的高塔，管理者就要同员工们联合在一起，充分沟通和交流，这样才能够达成凝聚团队的目标。然而，人们经常面对难以沟通的问题，当人们初到一个新的工作环境中，就会面对一个完全陌生的团体。此时，彼此之间并不了解，相互之间的交往会有诸多困难。但是，人与人之间都是由陌生到熟悉的过程，而这个熟悉的过程就是相互理解和认识的过程。此时，如果人与人之间缺少沟通，就不会实现进一步的相互了解。因此，如果企业成员能够在工作中充分发挥沟通的效力，通过各种形式与身边的企业成员进行交流，了解他们的经历、教育背景、思想等，增进了解，这样才能使企业员工之间的合作更加快捷。同时，由于企业成员之间的了解加深，企业的凝聚力也会增强，而这一切对于企业的发展和盈利无疑是有益的。

因此，开明的企业管理者应该在工作中促进自己和员工间的相互交流，并且把沟通当作重要的任务来完成。如果企业管理者能够与员工进行有效地沟通，必然会提高自己的管理能力和企业的管理水平，增强彼此之间的信任，进而加快自己的成功进程。

 2. 有效沟通能确保决策的有效执行

对于任何一家企业来讲，拥有正确的决策不是能够影响成功的唯一因素，有时候执行不到位也会成为阻挡企业发展的障碍。管理者应该清楚，只有将决策变为行动，才能够使决策真正起到效用。但是，有时企业不得不面对这样的情况—在执行决策的各个环节中，企业成员之间经常因为沟通不良而产生小的误会，而这些小误会积累起来就会导致企业的完美计划流产。而企业也必将因此而裹足不前。若想避免这一点，企业管理者必须重视沟通，同时有意识地促进员工与员工之间的沟通。

我们不得不承认，每个人都有属于自己的梦想，而企业也有属于自己的发展目标。对于企业来讲，若想使自己的发展计划成为现实，就必须要求企业成员之间密切配合，尽力将执行计划的各个环节做到完美。

每一家企业在刚刚成立的时候，都是意气风发、士气高昂地向前奔跑，然而，并不是所有的企业都能够到达自己梦想中的事业巅峰。如果企业希望尽早实现自己的目标，就必须要让自己的员工与员工之

间实现有效地沟通。很多成功的企业家都说，沟通是信息交流的重要手段。在企业内部，沟通犹如一座桥梁，它可以使不同的人联合起来，使不同的文化与理念得到最充分的融合。

事实证明，良好且有效地沟通能够使企业成员之间相互了解并且尽快达成共识，而这无疑有益于企业的发展。完全可以这样讲，企业的成功离不开明确的发展计划、良好的市场环境以及领导者强大的执行能力。

在现在的企业中，几乎所有能够从激烈的市场竞争中脱颖而出的企业无不具有超常的创新能力和执行能力，而执行力是在企业发展中的决定性因素。因此，企业管理者若想让企业成员把企业完美的发展计划落实到位，必须要与企业领导者和员工进行有效地沟通。那么，企业管理者应该怎样保证沟通呢？主要有以下几个方法：

（1）创建独具特色的企业执行文化。

随着市场的发展，越来越多的企业领导者和管理者发现，领导能力就是企业的执行能力，尤其是对于那些正处于创业阶段的企业来讲更是如此。当企业处于创业阶段的时候，领导者能够和员工一同努力工作。这时候，企业的各项决策和指令都能够通过企业领导者直接传达给企业员工，此时企业的执行力比较强，而企业的沟通能力也比较强。但是，一旦企业做大做强之后，企业就会增加很多管理层，而经营者就要从繁杂的事物中抽身出来转而考虑企业的发展战略。一旦企业领导者制订了正确的决策，就要先传达给管理者，再由管理层一层一层地传递下去，最终才能够传达到一线员工那里。如此一来，企业的执行力自然会降低，假如企业成员之间缺少行之有效的沟通方法，必然会给企业的发展造成障碍。而聪明的企业管理者则在企业的不断发展中找到了解决问题的方法，那就是让沟通融入企业文化。

任何一家企业在发展中都会形成自己的企业文化，而企业文化无疑是指引企业前进的思想。如果企业能够将沟通写入自己的企业文化，那么，大多数的企业成员必然会深深受其影响，而企业沟通不力的现象必然会因此而有所改善。

（2）若想实现有效沟通，企业必须有一个清晰的发展战略。

如果一家企业没有清晰的发展战略，自然就不会有明确的发展方向，即使企业的管理者都是执行到位的人才，企业最终的发展合力也会是零。这意味着，即使企业拥有一个执行能力超群的管理团队，但是如果相互之间无法形成共振，企业也难以寻求发展之路。因此，企业若想让自己的决策执行到位，自己的管理水平有所提高，必须有一个清晰的发展战略。其次，企业管理者要告知自己的员工，企业成员的共同目标是什么，使员工充分理解和支持企业决策。如此一来，企业内部自然就会实现有效沟通。

（3）增加企业决策和计划的透明度。

企业管理者应该将企业的发展计划和策略细化为每一个员工的量化目标，同时还要与员工及时进行沟通。此时，沟通的目的不仅仅是使企业员工清楚企业的决策和计划，还要让员工清楚自己应该如何工作才能完全符合企业的发展计划和决策。如果不然，员工在工作过程中的创造力必然会受到束缚，这会直接影响企业的效率和利润。同时，只有当员工充分了解企业的发展计划和决策时，员工才会努力使自己的思想和行为向企业发展计划和决策上靠拢。这样，企业内部的行为规范必然会日趋标准化，企业领导者、管理者和员工之间也会真正实现思想统一。如果企业管理者和员工能够做到这一点，则意味着企业的执行力、竞争力一定会有所提高，这必然会为企业带来惊人的利润。

面对众多成功企业的案例，我们不得不承认，企业为每一位员工提供了施展才华的舞台，使之成为一个联系紧密的组织。在企业的发展中，每一个员工都起着不可替代的作用，而在企业解决“怎样高效地提高企业的执行能力和效率”这一问题的时候，沟通则起到了关键的作用。此外，一旦企业成员之间实现了有效地沟通，企业成员一定能够将团队精神发扬光大，企业的凝聚力必然也会得到很大提高。因为企业成员之间实现了有效沟通，彼此也就相互信任，加强合作精神，这就保证了每一个员工能够充分发挥自己的优势。如此一来，企业必然会出现不可阻挡的发展力量，这股力量是帮助企业在与竞争对手的角逐中胜出的基础。

3. 持续不断的沟通是绩效管理的法宝

在任何一项工作中，沟通都是最平常、最普通的小事，但是也是企业管理者和员工最容易忽略的事情，所以很多人都不会重视沟通的力量。然而，很多实力超群的企业经常因为缺少沟通而失去盈利的机会。

很多成功的企业案例都告诉我们，沟通虽小，但是却是执行过程中必然存在的细节。如果企业成员没有在执行的过程中及时沟通，就会出现落实不彻底的现象。因此企业若想提高自己的管理能力、工作效率和整体实力，必须重视沟通。

我们经常看到这样的现象，一些企业的管理者和员工都十分优秀，也有自己成熟的发展战略和明确的发展方向，企业成员也会在工作中十分努力地执行企业的决策。但是，这些企业的实际发展并未好转。那么，究竟是什么阻碍了这些企业执行力的提高呢？这就是沟通。

我们必须承认，很多企业都在采取各种各样的措施来提高企业的执行能力。但是，这些领导者和管理者都忽视了一个最简单的因素——沟通。而很多企业之所以成功，正是因为这些企业的管理者能够充分地认识沟通的重要性，使企业的实力得到了很大幅度的增长。

戴尔集团的管理者就是重视沟通的人。戴尔集团的管理者曾说："我们的公司在不断成长，因此我们必须进一步保证公司拥有超一流的沟通能力。虽然在以前的发展中，戴尔集团取得了令人羡慕的好成绩，但是有时候，戴尔集团成员们的沟通情况并不令人满意。身为一家跨国企业，戴尔集团必须有一个明确且统一的沟通战略。"通过这段话，我们可以清楚地看出戴尔集团对沟通的重视。不可否认，戴尔集团能够取得如今的成就，与戴尔集团独特的沟通战略之间有着必然的联系。

戴尔集团的发展之路给了其他企业一个很好的提示：执行到位的根源正是沟通。一个企业若想在市场竞争中胜出，必须要求其成员能够做到有效沟通。在一个落实能力高的企业内部，企业成员应十分清楚自己得到的目标任务，还能够对企业的决策和计划有着一个正确的理解：如何实施企业的发展策略和计划，以此来保证每一个企业成员都能够做正确的事。只有这样，企业的执行能力才能有所提高。而企业若想要使自己的执行能力有所提高，就必须要求自己的成员学会沟通。在落实决策和计划的过程中，每一个环节都要求企业成员积极的沟通和配合。只有这样，企业的整体实力和绩效才会有所提高，企业才有希望赢得竞争者。若想做到这一点，企业管理者必须清楚以下几个方面：

（1）在制定决策之前，企业管理者应该与领导者和员工们多多沟通。

现在，很多人对沟通都有这样一种认识——在制定决策的时候和公布决策以及目标时，才是沟通的开始。企业成员之间的确需要相互沟通，只有这样才能够保证企业的决策和计划得到彻底的落实。但是，这一过程绝不是沟通的开始。实际上，在决策制定出来之前，企业管理者就应该与企业领导者和员工进行沟通。换种说法就是，在企业管理者拟定决策和计划的时候，沟通的过程就开始了。通常来讲，企业的决策也分为若干个等级，因此企业管理者应该清楚，在制定不同等级决策的时候，应该与不同的员工交流。只有这样，才能够保证企业的决策最符合企业现状。

在企业制定决策和计划的阶段及时进行沟通的益处有很多：一方面，如果企业管理者在制定决策的时候能够与其他企业成员进行有效沟通，就可以尽最大的努力降低企业的决策风险，例如执行能力非常高的日本企业。实际上，日本企业之所以能够准确地将所有的事情执行到位，是因为日本始终将沟通当作企业发展的根基。在日本，如果企业领导者作出一项决策，他绝对不会独断专行，而是会先把决策和目标传达给下级，而下级则会对这个计划和目标的情况进行充分考虑，并且从自身的实际情况出发，向上级反馈这个决策和目标在实践中的可行性。这样，企业的决策和目标就会一层一层地向下传达，然后再由下至上的一层一层反馈至企业领导者。此外，在执行企业决策和计划的过程中，一旦有人在执行过程中发现问题，也会及时的与自己的上级汇报。如此一来，企业的上下级之间就会形成一个完善的沟通机制以及良性的双向互动。更重要的是，这样有助于企业提高决策制定的科学性和合理性。只有这样，企业才会真正实现执行到位。

另一方面，如果企业成员之间能够进行有效的沟通，更有助于企业成员之间达成共识。实际上，所谓的执行到位并非要求企业成员在接到任务之后，在毫不理解企业的决策下就盲目执行，相比之下，在与其他企业成员进行有效沟通之后再执行企业决策的效果要好得多。很多事实都证明，如果企业成员在沟通之后再确立目标，员工才更愿意执行，这样，整个团队便有了一个共同的基础，企业的向心力也会增强。

（2）在向下级传达企业决策的时候，也不能缺少沟通。

在任何一家企业的内部，传达决策都是一项十分重要的任务。对于企业来讲，企业成员能否准确无误地向其他人传达企业决策，有时候直接决定着企业决策能否得到彻底的贯彻实施。例如，一家企业的经理向人抱怨说自己的人力资源改革失败了。但是，当他经过反复的调查研究之后发现，导致他的人力资源改革失败的原因是竟然是沟通不到位。这位经理最初制定的人力资源改革制度的目标是希望给员工更多的关怀，增加员工的福利，但是由于缺乏沟通，再加上执行不到位，员工们只看到自己的工资不断下降。长此以往，公司内部就产生了激烈的矛盾，最终新制度不得不停止执行。

这个案例也能够警示其他的企业管理者，如果企业没有让员工们及时地了解企业决策，即使是有益于员工的决策也无法得到良好的贯彻实施，甚至会给企业带来截然相反的后果。由此可见，在传达企业决策的时候，沟通也是必不可少的一个程序。

在决策传达时的沟通，主要是企业成员对决策内容和目标的传达，其目的就是让执行者清楚如何做。如果企业管理者在传达目标的过程中缺少沟通，就会很容易使员工产生不同的理解。一旦员工之间对企业决策的理解出现偏差，就会导致出现并非企业预期的结果，此时执行不到位的现象也会随之出现，企业的发展计划必然会受到影响。因此，对决策的有效传达也是企业执行能力的一种体现。

若想使企业的决策真正执行到位，就要使企业管理者有效地传达决策，使企业员工明白怎样做才能够执行决策、实现目标。值得企业管理者注意的是，在执行决策之前的沟通工作十分重要，因此企业管理者也不能够忽视细节，企业管理者一定要针对“如何做”等细节与员工达成共识。但是，企业管理者也必须清楚，虽然沟通工作十分重要，但是管理者不可以独揽大权。一些管理者习惯于与下属一同工作，这种方法虽然可以加强管理者与员工之间的沟通和联系，但是却束缚了员工的思想和行为。一个聪明的企业管理者清楚，所谓的沟通就是管理者从某种程度上给予员工方法或启发，然后让员工独立完成工作，也就是充分给下属授权。只有这样，员工才能够将自己的工作积极性发挥到极致。

在当今社会中，很多企业领导者都会在工作中将每一个细节告诉下属，而这种做法反而会影响员工对工作的执行效果，进而影响企业的整体执行效果。智慧的企业管理者则清楚，在执行企业决策之前要就任务的关键之处、工作思路、执行难点、执行障碍等与员工进行充分的交流，同时还会提供相应的解决方法和必要的支持、鼓励。如此一来，员工自然会有依靠感，并且能够将更加饱满的热情带入工作中去。这样的沟通才是对企业有益的沟通，才能够使员工将企业的决策和计划执行到位。毫无疑问，这将对企业的发展产生巨大的推动作用，进而为企业带来更多的利润。

（3）在执行决策的过程中，企业管理者也不能忽视与其他企业成员的沟通。

如果企业管理者只是在制定决策和执行决策的过程中，一味的充当指挥者的角色，那么企业仍然会出现执行不到位的现象。即使员工按照企业管理者的意愿完成工作，他们也不知道自己的工作做得是否到位，是否会给企业创造利润和价值。此时的员工的工作积极性就会下降。因此，管理者切不可以在员工已经开始执行决策后自己便放任不管。从这个角度看，在执行企业决策的过程中，企业管理者应该提醒自己，时刻与企业成员保持良好的沟通。

企业管理者在执行决策的过程中仍然与员工保持沟通，可以让员工深受鼓舞并且更好地认识到自己在企业中的存在价值，这一切无疑对企业的发展有益无害。当然，企业管理者也不要在员工执行决策的过程中与员工频繁地联系，这样反而会降低员工的创造力。企业管理者只需要在员工执行企业决策的过程中与他们保持适当的联系，才是企业提高执行能力、管理能力和整体效率的有效手段。

实际上，以上三点只是简单的沟通过程，企业管理者可以根据自身和企业的情况制定出一个简单的沟通计划。可以说，企业成员之间能否顺利沟通意味着企业管理水平的高低。因此，每一位企业成员都应该提醒自己：我是否与员工进行了良好的沟通？只有这样，企业的凝聚力才会增强，同时也为企业在市场中击败其他的竞争对手奠定了基础。

4. 上下级之间的沟通是管理方式的一种改善

在当今社会中，很多企业都会遇到执行不到位的情况，上下级之间的沟通不到位是造成这种现象的最常见的原因之一。企业若想在变幻莫测的市场中寻找到属于自己的发展之路，企业成员必须要对企业的战略决策有一个正确的理解，还要对执行决策过程中的各个细节形成统一的认识。

在工作中，大多数人都有自己的上级或领导，并且处于他们的管辖之下。所以，当企业管理者和员工在执行企业决策的过程中遇到困难的时候，与自己的上级沟通就成了解决问题的方法之一。

企业管理者若想令企业的发展策略在执行的过程中不出现偏离，就需要与自己的下级保持沟通。否则，一旦企业决策在执行的过程中出现偏差，无疑会给企业的发展造成影响。因此，提高企业管理水平和效率的最佳办法之一就是保持积极的心态与自己的上级或下级进行积极的沟通。

对于企业员工来讲，在工作中积极与上级保持联系会将自己工作中的障碍减至最少，也可以让企业的执行工作变得更顺畅。此外，经常与自己的上级沟通，也可以确保工作按照正确的方向发展。从另一个角度讲，与自己的上级进行沟通的实质就是与自己的上级进行对比。如此一来，企业员工自然会更容易发现自己与上级之间的差距，也会使员工更清晰地看到自己的长处和短处以及自己的处境。

由此可见，对于一个企业的成员来讲，能够积极地与上级进行沟通不仅可以为企业创造更多的利润和发展机遇，还可以使自己的工作能力得到进一步的提高。然而，尽管积极与上级沟通有诸多好处，可是有很多人担心与上级沟通会使自己遭到上级的批评而不敢与上级沟通，这也使得企业的执行能力和效率下降。因此，正在尽心竭力为企业寻求发展计划的企业管理者应该正视与上下级沟通的问题。

在当今社会中，无论企业处于哪一个发展阶段，企业成员都必须承认，如果企业成员不能够积极有效地与上级沟通，很多正在执行当中的工作就会遇到困难，而这些困难最终会使企业出现执行不到位的现象。究其原因，除了员工担心自己受到上级的批评之外，很多企业员工还抱有这样一种心理——自己与上级的思想、学历、经验都不相同，这会不会给沟通造成障碍呢？

毫无疑问，这种思想是错误的。实际上，与上级之间的沟通并非难事，虽然自己与上级之间存在种种差异，但是这并不会成为沟通的障碍。企业成员可以精心选择沟通的时间、地点和方式，同时还要设计和安排沟通的内容。这样，与上级之间的沟通障碍就会顺畅很多，同时也会让工作达到事半功倍的效果。

此外，很多员工还对与上级进行沟通抱有这样一种错误认识——若想与上级进行沟通，必须选择在一些正式的场合或地点，例如会议室，否则必然会让双方之间的沟通产生不快。其实，会议室的确是员工与上级沟通的场合之一，但是却不是与上级进行沟通的唯一场合。一些聪明的员工懂得充分利用很多地点作为自己与上级沟通的场合。例如，很多企业领导者都会在下班的时候开车，停车场就是一个非常恰当的沟通场所。另外，还有领导者办公室、单位的食堂等，都是与上级沟通的最佳场所。

通过以上分析我们可以看出，与自己的上级沟通是一件十分容易且重要的事情。尽管如此，企业员工仍然需要在与上级沟通的时候注意一下几个方面：

（1）在与上级沟通的时候，员工要保持忠诚的心理。

现在，越来越多的企业都十分看重员工的“忠诚”，有时候，企业管理者在选拔人才的时候，会把“忠诚”看得比能力更为重要。这意味着，如果员工能够对企业保持忠诚，则会得到更多的成功机会和利润，与上级的沟通也是如此。如果员工能够在沟通中给上级留下忠诚的印象，上级自然愿意将更多的知识告诉员工。如此一来，员工会获得比其他员工更多的知识，而这也是员工日后在事业上取得成功的基础。

因此，在与上级沟通的时候，要大胆讲出自己内心的真实想法。人们常说：“上有雅量，善于纳言；下有勇气，敢于直言。”这句话中所讲的，正是员工与上级沟通的秘诀。只有敢于直言的员工才会在与上级的沟通中真正实现心与心的交流。员工自然会更充分的领悟企业的经营思想和决策，并将这种领悟充分融入日后的工作。久而久之，企业的决策就会成为广大员工激励自己奋斗的目标，而企业员工也会自觉为了实现企业目标而奋斗。

（2）在与上级沟通的时候，企业成员不可以忽视细节。

“细节决定成败”是很多企业和成功者的成功秘诀。同样，当企业成员与上级沟通的时候，这也是一条真理。沟通的时候应该注意，要尽量将工作中可能出现的问题和情况交代清楚，特别是那些真实可靠、具有建设性和操作性强的内容，要尽量多讲。

（3）与上级沟通要注意，贵在“勤”。

很多企业成员担心自己在与上级沟通的时候会受到上级的批评，尤其是一些刚刚步入职场的员工，甚至担心自己的想法会遭到上级的嘲笑，因此这些人总是在极力减少与上级的沟通次数。实际上，这种方法是不可取的。如果员工与上级的沟通次数过少，彼此就不能够及时了解对方的想法，这就会导致企业与上级之间的观念差距逐渐拉大，思想也更加难以统一。

因此，无论企业成员处于哪一个职位，都应该在平日的工作中加强与上级的思想沟通，这样会使员工增强与上级的感情交流，同时也会为企业日后达成共识打下基础。对于上级部门来讲，在制定重大方案或决策的时候，勤与下级沟通也会让整体决策更科学、更合理。否则，在执行决策的过程中必然会遇到更多的困难。同时，只有科学、合理的决策才会对企业产生真正的推进作用，从而使企业的管理水平和效率得到进一步提高。

以上三点就是企业员工与上级进行沟通的前提。

在很多时候，沟通的品质取决于对方的回应。在销售中，良好的沟通可以让客户迅速购买所推销的产品或服务；在管理中，如果企业管理者能够与上级进行良好的沟通，会使上级在制定企业决策的时候更多的考虑自己的意见，如果企业管理者能够与下级进行良好的沟通，则会提高员工的执行能力和企业的整体效率。

因此，企业管理者不妨这样提醒自己：在企业的管理当中，沟通的主要责任是自己，而自己能否成功与下级进行沟通也是影响下属是否执行到位的重要因素。因此，当企业管理者在与上下级进行沟通之前，首先应该了解对方的需求或者感受，还要站在对方的立场考虑问题。

通常来讲，企业管理者在沟通之前应该仔细考虑以下问题：首先，受众需要什么？其次，我能够向受众提供哪些有效信息？再次，当下级向企业管理者提交了一份不能够让管理者满意的工作或建议时，管理者也应该注意自己的言辞。

当企业管理者遇到以上现象的时候，如果管理者直接拒绝了员工的要求或者毫不留情地打击员工，会使员工深受打击，甚至会因此出现自卑、反抗、不满等负面情绪。有时候，管理者还会理直气壮地要求员工重新工作。但是，因为员工已经产生了不良情绪，就很难全力以赴的工作，因而导致员工出现执行不到位的现象，而企业的管理水平和效率都会因此而下降。因此，当员工将一些有所缺陷的作品上交给管理者的时候，管理者不妨说："你的工作很出色，如果能够在这些方面改进，你的工作会更优秀。"这样，员工必然会更加努力的工作，将更好的工作结果呈献给企业管理者。

实际上，在企业中，这样的例子不胜枚举。如果每一个企业管理者都深刻地了解沟通这门学问，并且都能够在工作中与上级或下级进行很好的沟通，那么企业中的执行问题便会迎刃而解，同时员工的执行能力也会有所提高，还会使员工在工作中发挥团队精神，使企业的凝聚力增强，如此一来，企业的管理水平和效率以及市场竞争力都会提高，这样的企业才能创造出最大的价值并赢得更多的利润，才能够成为竞争中的胜利者。

第六章 超级竞争产生终极高效：靠竞争提高效率

杰克·韦尔奇说过："竞争就是效率的催化器，一个企业领导者不能够很好地参与竞争，掌控竞争的法则，那么他的企业就不会有创造性，更不会产生足够的效率，这样的企业就像一潭死水一样没有未来。"众所周知，效率源自于竞争——竞争能够让企业和员工产生更高的积极性，从而提升企业和自己的效率，因此，在竞争中没有效率就意味着失败。作为一名企业管理者，不但要勇于面对市场上的竞争，还要鼓励企业成员的内部竞争，让企业就像一架高速运转的机器，不断地去创造竞争力，赢得胜利。所以说，管理者要想打造一个高效率的企业，就必须参与市场竞争，将竞争机制引入企业内部，让企业的效率在竞争中不断地提升。

 1. 垄断式竞争更能够提升企业的效率

在现代西方经济学中，有一个非常重要理论——除了完全竞争是市场上最有效率的竞争方式之外，垄断竞争也是市场上另一种有效率的竞争方式。

同样，对于企业管理者而言，让自己的企业成为市场上的垄断企业，也是一个能够保持企业效率的方式。杰克·韦尔奇说："当你的企业成为市场上最具有优势的企业之时，你就会想尽一切办法来保证自己的优势不被蚕食，而你努力的结果就是你的企业不会发生效率减退的情况。"实际上，当一家企业的市场份额没有在市场上占据垄断地位的时候，那么这家企业在同行业中就缺少话语权。

纵观世界500强企业，大多数的企业都是在自己的行业中占据着垄断性的优势，并且有着足够多的话语权，他们才能够保证自己获得更多、更好的资源，从而让自己的企业成为高效率的企业。所以说，一个能够不断地争取获得市场上垄断地位的企业，更容易成为一个高效率的企业。

1863年，洛克菲勒开始从事石油贸易，他在克里夫兰地区创建了自己的第一家炼油厂。在当时，美国的石油企业很多，光是克里夫兰地区就有50多家石油炼油厂。但是由于石油业刚刚起步，这些厂家的规模都不是很大。所以，洛克菲勒认为，只要让自己成为这些石油企业中最大的企业，那么他就能成为石油市场上的最大供应商，从而逐渐吞并其他的企业，直到自己的企业成为全美最大的石油公司。

1870年的时候，洛克菲勒已经在石油领域中赚到大笔财富。于是，他又斥资100万美元创办一个在克里夫兰地区有着巨大影响力的公司——标准石油公司。后来，标准石油公司成为美国乃至世界最大的石油公司。

成功的过程总是一个缓慢简单的过程。标准石油公司建成之后，并没有获得像洛克菲勒所预料的那样快的发展速度，而是和其他的石油企业发展速度一致。不过洛克菲勒很快就发现标准石油公司作为克里夫兰地区最大的石油公司，却和当地其他的石油公司的发展速度一样慢的原因——标准石油公司的生产设备和生产技术与那些小石油企业一样落后。这样的生产效率怎么能够引来更多的订单呢?

基于此，洛克菲勒马上更换了新的生产设备，并且在技术开发上投入了更多的物力和人力。更为重要的是，洛克菲勒发现导致企业效率低下的一个重要原因——运货能力太低。当时美国铁路的运输能力较弱，即使订单下了，但石油却运不出去。此后，洛克菲勒便联合几家财团，控制美国的铁路系统，并且让美国的铁路运输能力提升了近2倍。结果是：在此后的数十年里，洛克菲勒的标准石油公司彻底成为石油市场上的“龙头老大”，而这正得益于其他企业无法企及的生产效率。

我们可以从洛克菲勒的案例中看出：如果一个企业管理者能实现企业在市场上的垄断地位，那么他就会找到让企业生产效率迅速提升的方法，从而让企业在高效率的生产状态下发展。

实际上，垄断式竞争并不是去造就垄断式的企业，而是让企业拥有勇于争夺市场第一的追求。换句话说，垄断式竞争更多的是一种追求，这也要求企业管理者要让自己的企业成为市场上最具有竞争优势的企业，从而通过不断地竞争去获得高效率。

一般来说，竞争产生动力，更产生效率。对于企业管理者而言，如果没有效率，就不会有竞争力，所以企业管理者就应该有让自己的企业成为垄断性企业的决心，从而不断地努力，让自己的管理更有效率，为企业增加更多的利润，从而成为最具竞争力的企业。

1963年，比尔·鲍尔曼和菲尔·奈特开了一家体育用品制造公司，名字叫做“蓝带体育用品公司(Blue Ribbon Sports)”，而这家公司就是后来名闻世界的“耐克（NIKE）体育用品公司”。

在耐克体育用品公司创立之初，比尔·鲍尔曼和菲尔·奈特就非常注重企业的生产经营效率。1972年的时候，耐克体育用品公司已经成为一家非常有名气的体育用品制造企业，他们除了拥有质量够好、设计先进的产品之外，非常高的生产效率也是许多同行最为赞赏的地方。

虽然耐克体育用品公司当时已经获得了良好的成绩，但是它还是一个规模不大的企业。为了迅速扩大企业的规模，比尔·鲍尔曼提出，让公司进入竞争最为激烈的跑鞋市场，以激烈的竞争给企业压力，以此提升企业的生产效率，争取让企业成为行业中具有垄断性的企业，从而获得更好的发展前景。于是，1973年的时候，耐克体育用品公司聘请了当时的田径明星作斯蒂夫·普雷作为跑鞋的代言人，迈进了竞争异常激烈的田径市场。

结果，正如比尔·鲍尔曼所预想的那样，田径市场上激烈的竞争环境给企业的每一个员工都带来了压力，这使员工们努力地去提升自己的工作质量，争取以最少的时间干出更多的工作，这还让耐克体育用品公司的生产经营效率大大提升。而这些效率最终又转化为竞争力，使得耐克体育用品公司成为美国最好的跑鞋生产企业之一。

之后，耐克体育用品公司继续秉承“以竞争提升效率，以效率带动竞争”的理念快速发展。现在的耐克体育用品公司已经成为全球最大的体育用品制造企业，能够和它相抗衡的企业只有欧洲的阿迪达斯公司。

我们从上面这个例子可以看出：竞争就是提升企业效率的最好方式——比尔·鲍尔曼让耐克体育用品公司成为具有垄断性竞争优势的企业的想法，无疑是让耐克体育用品公司产生高效率，获得高利润的关键因素。

由此可见，对于企业管理者来说，要提升自己企业的效率，就应该具备垄断性思维，努力地将自己的企业打造成为在市场上具有垄断性竞争优势的企业，这样才能够让企业立于不败之地。

2. 发展企业核心竞争力，提升企业效率

对于企业管理者而言，企业最基本的使命是什么？答案就是：活下去。要让自己的企业活下去，那就必须提高企业的核心竞争力。

通常，多数企业管理者认为，让企业活下去的目标并不算很高。但是，在现实中，这个目标对于很多的企业管理者而言，却是一个很高的目标——如果企业在发展的过程当中总是出现生产效率低下、产品淘汰率高的现象，那就说明企业已经遇到生存的难题。而在这个时候，解决企业生存问题的最好方式就是提升企业的核心竞争力——提升企业核心效率就是提升企业生产竞争力的最好方式。

有着“直板手机之父”之称的诺基亚公司是全球最著名的手机生产商。然而，诺基亚公司之所以能够获得这么大的市场，除了诺基亚手机的质量过硬、设计先进之外，诺基亚公司的高效率也是其获得成功的一

个重要因素。

2004年的时候，诺基亚公司的老对手摩托罗拉公司推出了一部震撼全球的产品——摩托罗拉V3手机。这部以无可匹敌的超薄金属机身为卖点的手机，彻底颠覆了当时人们对于折叠机的观念和看法，几乎成为一个时代的标杆，最终创下了全球热销一亿部的惊人纪录。当然，摩托罗拉V3手机的热卖，也使得诺基亚公司的市场份额损失很大。

在摩托罗拉公司迅速抢占市场份额的同时，诺基亚公司也开始反思——为什么竞争对手的产品能够卖得这么好？在经过仔细调查分析之后，诺基亚公司终于找到了自己被竞争对手在短时间内抢走大量的市场份额的真正原因——企业在成为行业老大之后，员工的进取心开始下滑，导致企业的核心竞争力大大降低，最终使得企业效率也跟着下滑，产品研发速度变慢，产品种类不够丰富，从而被竞争对手成功超越。

在找到被竞争对手超越的原因之后，诺基亚公司立刻制定了新的计划，奋起直追——所有的员工都比之前更积极，产品的研发速度大大提升。此后，诺基亚公司马上推出了一款集拍照、音乐播放等多种功能于一体的手机——诺基亚7610。结果是诺基亚7610一上市就抢走了摩托罗拉V3手机的风头，迅速成为市场上的新一代“机皇”。

在获得成功之后，诺基亚公司并没有松懈，而是继续提升企业的效率，增强企业核心竞争力。紧接着，诺基亚公司又推出了N系列手机，其推出的N系列手机直到现在依然是市场上最为热卖的系列，而诺基亚公司也成功地击败了摩托罗拉公司，抢回了市场第一的位置。

我们从诺基亚公司的案例中可以看出：企业的核心竞争力下滑的，

最突出表现就是企业的效率大大下降，这对于任何一个企业来说，都是足以致命的。所以，企业管理者一定要将维护企业的核心竞争力作为第一要务，只有让企业的核心竞争力不受影响，企业才能够在高效的状态下迅速的发展壮大。

杰克·韦尔奇说过："当一个企业遭遇到效率低下的事实之时，他们的管理者最需要做的就是赶紧想方设法提升效率，一旦效率低下的状态持续较长的时间，那么必然会导致企业核心竞争力下滑，这样企业的发展会遭遇更大的危机。"实际上，对于任何一个企业管理者而言，他们都希望自己的企业能够在高效率的状态下不断地提升其核心竞争力，从而让自己的企业不断地发展壮大。可是，他们也很难实现自己的愿望，这主要是因为企业的生产和经营效率及核心竞争力在竞争发展过程当中总会遭遇多种力量的制约：

（1）激烈的市场竞争。

通常来说，市场竞争包括服务、产品、人力资源和机制的竞争。在当前市场的激烈竞争中，产品和服务的竞争都归结为客户的竞争。一个最为常见的现象就是企业的产品和服务开始滞销的时候，企业的生产效率自然出现大幅下滑，从而导致企业的核心竞争力受损，最后使得企业陷入生存困境。所以说，在企业的发展陷入了前所未有的困境之时，企业管理者就应该从产品和服务上去下工夫，提升产品和服务的质量，吸引更多的客户，从而保证企业效率，并保持企业的核心竞争力，让企业渡过难关。

（2）竞争机制的退化导致企业生产效率下滑。

对于任何一个企业来说，一个好的竞争机制能够让一个普通的企业发展成为一个知名的企业，同时，能够让一个个平庸的员工变成一个个优秀的人才，相反，一个差的竞争机制能够让一个知名的企业变成一个很普通的企业，也能够让一个个优秀的人才变成一个个平庸的员工。通常来说，在企业的发展到一定规模的时候，企业在创建初期所造就的激情、动力和活力都会逐渐被耗尽，这个时候就需要企业管理者重新审视企业的竞争机制，看看企业的竞争机制是否导致企业出现了“大企业病”，员工是不是一个个都变得不思进取。

杰克·韦尔奇曾经说过，他最自豪的事情就是在GE公司内部建立“活力曲线”，让GE公司的机制总是保持着足够的竞争性，并且使得GE公司像所有的小企业一样拥有着强劲的活力。由此可见，当企业的发展遭遇很严重的发展危机之时，就应该从改变机制的角度去考虑，通过机制改革来激发新的生产力，从而提升企业的效率，发展企业的核心竞争力。

（3）企业的内部矛盾导致企业效率下滑。

在企业发展到一定的规模之后，企业的内部矛盾就会逐步显现，员工的心态、目标、行为和关注点都会发生变化，尤其是一些老员工很有可能开始居功自傲、不思进取，从而导致企业的效率下滑，并波及企业的核心竞争力。所以，对于企业管理者来说，这个时候应该努力地调和企业的内部矛盾，从而提升企业的效率，进而提高企业的核心竞争力。

我们可以从上面的分析中得出这样的结论：若企业管理者要提升企业的效率，发展企业的核心竞争力，就必须消除上述这些束缚，从而让企业获得更好的发展空间。

 3. 激发企业内部竞争，提升企业效率

著名的管理学大师彼得·劳伦斯说过：“激发企业的内部竞争，能够让员工保持足够的‘饥渴感’，这是提升企业效率的有效方法之一。”实际上，激发企业内部竞争，就是要管理者创造良性的竞争环境，这已是现代企业管理理论中的一个重要观点—企业内部的良性竞争能够让员工不满足于现状，而且时刻保持危机感，总是会最大限度地开发自己的能力，从而让自己处于竞争中占有优势的一方，这样无形中也提升了企业的效率。所以，对于任何一个企业管理者而言，激发企业内部竞争就是打造高效率企业的关键。

作为世界上两大餐饮业巨头之一的麦当劳创始人，雷·克洛克在创业的过程中也遭遇过企业效率下滑的困境。当雷·克洛克将麦当劳的分店开到第十个的时候，他决定招聘大量的新员工，因为一开始的成功令他雄心大增，于是他决定做全球最好的快餐连锁企业。然而，令雷·克

洛克没有想到的是，当大量的新员工上岗之后，麦当劳的业绩竟然出现了严重的下滑，而导致业绩下滑的根本原因就是企业内部的竞争力不足，员工的积极性都大打折扣，最终使得企业的效率也严重下滑。

雷·克洛克在找到企业效率出现下滑的原因之后，立刻采取了应对措施，他在企业中建立了新的淘汰机制，凡是那些工作不用心，抱着“混”日子态度的员工都会被无情地淘汰。而那些留下来的员工，在看到其他人被淘汰之后，内心深处也会有一种危机意识，促使他们开始努力工作，结果，从店长到服务员都没有人敢再偷懒。可以说，雷·克洛克的这种方法是非常有效的。在新的淘汰机制建立之后不久，麦当劳就像之前一样，开始在高效率的状态中扩张壮大，最终成为世界顶级餐饮企业。

我们可以从雷·克洛克的案例中看出：企业管理者激发企业内部竞争的最好方式就是建立淘汰机制——只有让那些不思进取的员工意识到如果再不努力，在工作中不注重效率必定会被淘汰，他们才会从内心深处认识到效率的重要性，从而以最快、最好的方式将工作做到位。

对于一个企业管理者来说，激发企业的内部竞争，建立先进的淘汰机制并不是一件难事。只要企业管理者建立适合企业自身发展情况的淘汰机制，就能够激发员工内心深处的危机感，从而有效地提升企业的效率。

虽然淘汰制能够提升企业的内部竞争力，但是很多人却认为淘汰机制太过于残酷。为此，杰克·韦尔奇进行了这样的反驳：“很多的人都认为，当我们将员工中业绩最差的那10%的员工淘汰出去的时候，我们是残酷和野蛮的，一点的情面都不讲。相反，在我看来，让一个人待在一个不能创造价值也无法进步的环境中才是真正的野蛮行径或者‘假慈悲’。先让一个人就那样待着，上司也不闻不问，结果等最后出了事情，到了实在不说不行、不开除不行的地步才意识到危机，这无非就是害人的行径，试想，一个在企业中待了二十年的普通员工，被你开除之后他还有多大的能耐去谋求一份新的职业，他还需要支付银行的按揭贷款，还要为孩子的成长考虑，还要为妻子的化妆品而发愁。这才是真正的残酷。”

由此可见，作为企业管理者就应该像杰克·韦尔奇所说的那样，不要因为淘汰机制显得较为残酷与野蛮就不去建立，这样做的结果只能是既害了企业，也害了员工。在现代企业管理学中，较为常见的淘汰机制有三种：

①末位淘汰制。企业管理者通过绩效考核的方式，将排名最末尾，也就是业绩最差的员工淘汰出去。

②向下淘汰制。企业管理者通过绩效考核的方式，对业绩最差的人进行降职或降薪的处罚，从而让优秀的人进入更高的阶层，这种方法一般适用于职位高的员工或高薪酬员工。

③试用或待岗淘汰制。企业管理者通过绩效考核的方式，将表现不佳的员工转为试用员工或待岗员工，减少其收入，或让其拿基本工资参加培训，重新竞聘。

在激发企业内部竞争，提升员工的工作效率的方式中，除了建立淘汰机制之外，还要推行奖励机制。所谓“有罚就有奖”，企业管理者只有做到“奖罚分明”，才能够在企业内部建立良好的竞争机制，让企业的效率大大提升。

1974年，沃尔玛公司在纽约正式挂牌上市，在经过二十多年的发展之后，由最初的一家小杂货店发展为全美著名的零售连锁企业。虽然这样的成就让老员工们觉得很有成就感，但与此同时，这也催生了一种不健康心态，即享乐心态。因为员工们都认为企业已经做大了，只需要维持现状就能够继续很好地生存下去。然而这种心态导致新员工们也跟着仿效，新老员工都持一种等、靠、要的心态对待工作，最终使得沃尔玛出现连续亏损情况——这种享乐心态使得沃尔玛遭遇了发展的困境，企业的效率严重下滑，企业利润大幅度下降。

沃尔玛创始人山姆·沃尔顿在发现企业的效率严重下滑之后，立刻采取了新的方式——他派人将所有管理人员所坐的椅子的椅背都锯掉，并规定他们在上班的时候不准乱走动。可以说，山姆·沃尔顿的做法已经是非常的严厉了，但是收效仍不是很大。基于此，山姆·沃尔顿只好和自己的助手商量，如何才能够提升员工的积极性，让他们在工作中更有效率。幸运的是，山姆·沃尔顿的助手找到了解决方法——对于努力工作的员工以重奖，而对不努力工作的员工进行重罚。结果这种有奖有罚的举措收到了很不错的效果，员工们比以前更加努力地工作，企业的效率也迅速提升，企业的规模得到有效扩张。

我们可以从沃尔玛公司的案例中看出：奖励有时候比惩罚更有效果，所以对于企业管理者而言，要提高员工的工作效率，除了惩罚之外，还要给予他们一定奖励——注重奖励员工的企业管理者往往是最优秀的企业管理者。

由此可见，建立良好的奖励机制也是企业管理者激发员工劳动积极性，提升企业效率的一个有效措施。那么，企业管理者应该如何建立一个良好的奖励机制呢？

（1）制定合理的奖金制度。

对于企业管理者来说，在建立奖励机制的时候，必须要注重制定合理的奖金制度。通常来说，奖金都是一次性发放的，是员工在正常收入之外的额外收益。所以奖金的数额应该与正常收入成一定的比例，不一定是越多越好。企业管理者在制定和奖金制度之时，可以选择现金、实物或股权等方式作为奖金，至于如何发放，则应该取决于员工所认可的方式。此外，企业管理者在制定奖金制度的时候，一定要保证合理，不能只有奖金，而没有基本工资，这样做无疑会使得企业的凝聚力下降，降低员工工作的积极性。

（2）弹性奖励，自助式福利。

自助式福利的最基本特征就是个性化与可选性相一致。企业管理者可以让员工在规定的时间和资金的范围内，按照自己的意愿去制定福利计划，让他们通过自己的选择来提高收益，增强员工的工作积极性，提升企业的效益。自助式福利首先要满足的就是员工的需求。

在美国，甲骨文公司、波音公司等大型企业都利用企业的自助呼叫中心和企业内部互联网系统让员工自己选择和管理自己的福利方案，该做法既减少了企业设计福利方案的所耗费的时间和精力，又可以让员工做出自己理想的选择，还显得很有人性。

此外，自助式福利有很强的弹性。比如说，美国摩托罗拉公司的福利制度一直都根据员工的需要而变化。摩托罗拉公司的员工平均年龄在26岁，都处在提升技能的最佳时期，因此，公司安排了大量的自助式培训课程，让员工自己选择。值得企业管理者注意的是，自助式福利的弹性应该不断地增强，这就需要企业管理者有着非凡的创新意识，不断地为自助式福利增加新内容，让自助式福利产生更大的作用。

 4. 抓住竞争机遇，打造高效企业

对于任何一个企业管理者来说，都应该有把握机会的超强能力，如果他们不能够及时地把握住竞争机会，那么对企业的效率一定会产生巨大的副作用。杰克·韦尔奇说过："很多的企业管理者不是没有能力，也不是缺乏必需的职业素养，而是因为他们在竞争中抓不住机遇，正是因为他们不能把握机会，才使得企业的效率无法增长，甚至快速下滑，所以这类企业管理者最需要做的就是学会抓住竞争机遇，让自己的管理发挥更好的作用。"

著名管理学大师彼得·德鲁克也认为，那些掌控竞争机会能力弱的企业管理者是不合格的企业管理者，更是不称职的企业管理者。因此，他们既不能够让自己的事业获得巨大的成功，也无法扩大自己管理的企业的规模。所以，彼得·德鲁克提出："那些不懂得把握竞争机会的领导者，都是企业中存在的最大缺陷。"

实际上，很多企业管理者之所以抓不住机会，并不是他们把握机会

的能力不强，而是他们从不去寻找机会、开发机会，而是选择坐等机会的降临。而这种坐等机会降临的人，往往是不会受到机会的“青睐”。

20世纪20年代初期，可口可乐公司为了进一步拓展市场，于是努力地在市场上寻找竞争机会。当时，飞机技术取得了突飞猛进的发展，已经成为全球最为关注的新型交通工具——可口可乐公司的管理层清楚意识到，飞机的出现必然为市场提供更多的商机。

因此，在看到越来越多的人选择飞机作为出行工具的时候，可口可乐公司的管理层便决定利用飞机做一个特大号广告——利用新式交通工具作为广告的载体，必然会引起人们的关注，毕竟飞机在当时还是个稀罕物。于是，可口可乐公司的管理层租下了八架飞机，将可口可乐公司的商标“Coca-Cola”喷绘在“美国的上空”。最终，可口可乐公司抓住了这一机遇，使得可口可乐的销量在短短一年之内连翻好几倍。更为重要的是，随着公司规模的进一步扩大，公司的员工也都以能够为可口可乐公司效力为荣，工作的积极性也越来越高，企业的生产效率也大大提升。

世界首富比尔·盖茨曾经就说过这样一句话：“要学习如何创造机会和抓住机会，就必须向可口可乐公司和百事可乐公司学习，这两家公司从来都不会坐等机会的降临，因为坐等机会的人永远不会得到机会。”

对于企业管理者而言，要抓住竞争机会并不是一件容易的事，这需要他们掌握足够多的竞争技巧。关于这点，彼得·德鲁克教授提出了著名的“竞争机会法则”，即让企业管理者积极地参与到竞争中来，通过不断地实践让自己变成一个把握竞争机会的高手，同时也让企业管理者成为提升企业效率的高手。下面我们就来看看彼得·德鲁克教授的“竞争机会法则”的具体内容：

（1）企业管理者要能够承受压力，要有信心。信心是发现并把握竞争机会，提升企业效率的关键。

彼得·德鲁克说：“企业管理者参与到竞争中来的目的就是为了提升效率获得利润，因为他们在遭遇到残酷的竞争之时必然要准备好承受巨大的压力，如果企业管理者无法承受压力，那么最好不要参与竞争，因为从一开始就注定要失败。”

虽然竞争必定会产生很大的压力，但是这种压力更是一种前进的动力，而且压力有多大，动力就有多大。当然，这句话是对于那些抗压性较强的企业管理者而言的，而对于那些不能承受压力的企业管理者而言，从他们参与竞争的那一刻起，他们的结局就已经打上了失败的烙印。

一般来说，能够承受压力的企业管理者都喜欢接受挑战，并且有信心赢得挑战——他们会选择勇敢地面对竞争对手，冷静地分析竞争局势，找到自身的不足并加以弥补，从而等到竞争机会出现之时，马上抓住竞争机会。更为重要的是，竞争机会的出现，促使企业获得更多的优势，各方面的资源也都会增长，企业就不会为资源不足而影响生产，最终使得企业的生产效率得到进一步的提升。所以说，企业管理者在参与竞争的时候要能够承受压力，也要有信心。

此外，彼得·德鲁克教授提醒那些对于竞争没有信心，无法承受压力的企业管理者——“在你们退出竞争的时候，将意味着丧失了机会，要再次将一个企业做大还是从头再来”。而对于那些愿意承受竞争压力的企业管理者，彼得·德鲁克教授也提醒他们：“注意自己的管理方式，更要注意机会背后蕴藏的风险，看到机会的同时也要学会选择机会，只有选择了好的机会，才能让企业的效率进一步提升，让自己的事业得到进一步的发展，让自己成为一个优秀的企业管理者。”

（2）企业管理者在竞争中要保持冷静，让自己变得足够睿智，在竞争中做到认真、仔细的同时，还应该善于思考，抓住“真机会”，摒弃“假机会”。

自古商场如战场，竞争一直以来都是人类社会不断走向繁荣的终极推动力。而在当前的市场大环境中，企业与企业之间的竞争已经进入了白炽化时期，因此对于企业管理者在竞争机会的把握能力上的要求也就越来越高。更值得企业管理者注意的是，在变幻莫测的市场竞争中，很多的机会并不一定是赚钱的机会，也有很多赔钱的机会。所以这就要求企业管理者要能够分辨出哪些机会是“真机会”，哪些机会是“假机会”。

彼得·德鲁克教授说：“抓住机会的关键不是自己能不能认清机会，而是能先于别人一步分析出机会中所蕴含的风险性，如果不能够做到这一点，那么一切机会都有可能变成赔钱的陷阱。”

由此可见，企业管理者必须在竞争中保持足够的冷静，让自己变得足够睿智。在竞争中做到认真仔细的时候，还应该善于去思考，才能够看清楚机会中蕴含的风险性大小，从而做出最准确的判断，赢得最终的竞争。

（3）企业管理者要为竞争做好准备，将每一项工作都落实到位，只有做好准备的企业管理者才能够抓住机会。

将工作落实到位，这对于任何一个企业来说都是十分重要的，因为工作落实不到位会引发各种问题，即便是真正的机会来临，也会因为工作不到位、准备不足而导致机会白白流失。

> 众所周知，机会都具有时效性，而要抓住机会首先应该做足抓住机会的准备。彼得·德鲁克教授说："机会常常属于那些有准备的人，因为他们为了得到机会，比别人付出的更多，所以他们理所当然得到机会的垂青。"

此外，彼得·德鲁克教授认为，企业管理者在把握竞争机会的时候，他们也很注重适量性，即准备工作不是做得越多越好，而是工作的质量越高越好。彼得·德鲁克教授做过这样一个比喻：一个准备做一名高级管理人员的年轻人，他每天都努力做准备工作，就为了机会降临的时候能够迅速获得企业领导的认可。然而，有一天，当领导分配下一个重要任务的时候，他却发现自己、所有的准备工作全都白做了，因为他只会做一些简单的工作。彼得·德鲁克教授通过比喻告诉我们，做准备工作时一定要注意质量，要将工作做到位，否则之前做好的某一项准备工作也只是花费时间和精力的一场徒劳而已。因此，对于那些想打造高效率企业的企业管理者而言，他们必须将每一项准备工作做到位，在机会来临之时迅速出击，牢牢地将机会掌控在手中，并完美地释放机会中的一切价值，才能实现突破，让企业的效率大大提升，并让自己成为一名优秀的企业管理者。

第七章 高效的团队是赢家，低效的团队是输家

杰克·韦尔奇说："企业管理者需要打造出一个优秀的团队去运作整个企业，可以说，打造出一支高效团队的企业管理者都是成功的人，他们都是出色的职业经理人。"随着当前市场上的竞争越来越激烈，企业管理者更需要塑造出一支高效的团队，因为只有这样的企业才能满足竞争日益激烈的市场，像丰田汽车、美国通用、波音公司等世界大型企业都组建了属于自己的高效率团队，而正是这些高效率团队为其所在的企业在竞争中争得了优势，让他们成为市场上的胜利者。所以，作为一名企业管理者，我们应当将组建一支高效率的团队作为一项重要工作去做，这不仅仅能够体现出企业管理者的管理能力，而且也是企业管理者自身工作效率的最终表现。

1. 提升企业效率，敬业才是根本——敬业的团队最有效率

对于企业管理者而言，无论是管理企业还是管理团队，效率都是提升企业业绩和保证企业稳定发展的主要推动力。对于一个团队来讲，只有具有足够的向心力和凝聚力，才能大大提高工作效率，并持续发展壮大。

> 企业管理者要想创建一支高效率的团队，必须要培养员工的敬业精神，这才会使得整个企业的资源在保证和谐、健康、稳定的基础上，在正确的方针指引下高效地运转。敬业的精神一直都是企业保持活力的精神支柱，是企业发展的助推器，是推动企业健康、稳定、快速、持久发展的原动力。

因此，在竞争激烈的市场中，企业能否从重重的包围中跃然而起，就要看企业是否拥有强大的竞争实力。而企业之间的实力比拼，最终比的就是企业是否具有敬业精神。因为团队是由员工组成的，所以管理者要注意培养员工的敬业精神，打造出一支敬业的团队，从而为企业创造出更高的效率。

杰克·韦尔奇说过：“任何一家公司想要取得竞争优势，就必须让每一个员工都保持敬业的态度。”他还说：“任何一家公司无论大小，如果员工都对于公司的任务和使命将信将疑，那么他们就不了解如何才能实现公司目标，更不能获得长久的竞争优势，得不到良好的发展，更无法创造高标准的业绩。”世界上有许多杰出的商业奇才，如比尔·盖茨、沃伦·巴菲特、史蒂夫·乔布斯等这些巨大财富的创造者和拥有者手下的团队无不是敬业的员工。可以说，员工的敬业是保证企业高效运转的前提。

据调查，在全球范围内的企业员工中，每7个人中只有1个是敬业者，占全部的14%；而在对中国企业的调查结果显示，每12个人中仅有一个是敬业的员工，占全部的8%，远低于全球敬业员工的水平。而结果也显示出敬业企业带来的巨大影响——不敬业的员工导致中国企业的效率低下，进而给企业造成巨大的经济损失。调查结果发现，敬业的员工组成的团队要比缺乏敬业精神的员工组成的团队为企业带来的效率高43%。由此可见，企业管理者必须提高员工的敬业度，这样才能为企业带来更多的利润。

要想打造一支敬业的团队，领导是核心和关键。许多人认为，不敬业的员工会导致整个组织的行动变缓慢，工作效率也降低，其根本原因是企业内部结构松散，执行力不到位，企业文化无法更好地激励员工，然而，他们却忽略了一个重点——造成企业效率低下的罪魁祸首是领导者。由此可见，作为一个企业的领导者，培养敬业的团队才能从根本上提高效率。

那么，应该如何提高企业团队的敬业精神呢？

（1）要充分认识到，企业高度的敬业精神来源于员工们强大的责任感和高绩效。

也就是说，企业管理者应该对员工进行绩效考核，建立合理的奖励机制，让员工了解到，付出多少就回报多少的道理。在一个企业的经营过程中，保证生产效率的条件不是要拥有多么高级的生产设备，也不是拥有过人能力的员工，更不是拥有先进的生产技术，而是员工们的工作态度，可以说，敬业的工作态度甚至决定着一个企业的生死存亡。试想，如果一个企业拥有先进的设备，能力突出的员工，先进的生产技术，但是整个企业员工却缺乏一种敬业态度，那么这家企业注定不能长久，也无法成为一家成功的企业。而相反的，如果一家企业拥有爱岗敬业的员工，每个人都在自己的岗位上勤勤恳恳，为企业尽自己最大的努力，那么，这些员工在实现自己价值的同时，也促使企业的最终效益得到最大化的实现。

（2）能让员工“安身”的企业，才能让员工“乐业”。

企业是员工赖以生存和发展的基石，而企业给员工的工资体现了员工的价值，也是员工留在公司的原动力，正是这种动力促使员工以敬业的态度为公司创造最大化的价值。

很多企业管理者都认为，企业是自己的财富，是自己赚取更高利润的一个工具，这种认识是非常片面的。因为企业不是属于企业管理者一个人的，只是企业的一个重要组成部分，如果企业管理者将企业看作是自己的私人财产，那么他们就会忽略员工的存在意义和价值，忽视了团队的力量，这样使得员工的利益难以保证，久而久之，就会造成员工和企业老板间的矛盾加剧，进而影响到整个公司的运作；更为严重的是，这样的老板是留不住员工的。即使员工非常需要这份工作，但如果员工的付出和努力得不到应有的回报，那么员工将不再愿意为这样的企业效力，更谈不上创造高效率的企业。

（3）企业管理者创造企业团队的敬业精神，必须尊重员工。

企业就像一个小社会，当员工为企业创造价值时，其中也具有一切能够服务社会的职能。虽然分工、职务不同，但也要保持一种“公平、公正”的态度对待每一位劳动者。无论是老板还是普通的工人，对他们来说，只是分工和职位不同，但是其根本属性却是一样的，他们也是企业的最重要的组成部分。因此，企业管理者一定要注意给予员工们应有的尊重——尊重他们的劳动成果，尊重他们的人格，员工只有身处这样的企业，才能够得到信任和肯定，从而培养企业团队的敬业精神，实现企业的效率最大化。

2. 打造高效管理团队——将每一名部属安排在最合适的岗位上

对于企业管理者而言，提升企业的效率就是自己工作的核心任务，而在提升企业效率的过程中，高效的管理团队是让企业管理者将工作做到位的基础。所以企业管理者要让自己的管理措施发挥足够大的功效，那么就必须将每一名部属安排在最合适的岗位上。

“将自己的每一名部属安排在最合适的岗位上”，这是世界著名管理学大师彼得·德鲁克提出的一个重要观点，在现代企业管理学中具有里程碑式的意义。实际上，每一个企业管理者都知道，团队的力量就是企业发展的基石，也是企业组织中最难以合理支配、最活跃的资源。由此可见，如果一个企业管理者要打造一支高效率的团队，就必须采用人尽其才的发展方式——企业管理者编制合理的岗位规范。

所谓的“岗位规范”，就是指完成企业岗位组织的目标而规定的目标责任，而这就是企业组织运行规则的重要的组成文件。管理学大师彼得·德鲁克认为，建立岗位规范的具体作用主要有以下几点：

①有利于企业组织目标的高效完成。在企业的管理层中，岗位规范是企业管理者以精确的文字去明确岗位的职权和职责，使得任职者能够严格执行。

②有利于企业组织岗位上的协调。在企业管理层中，岗位规范除了可以明确岗位的职权和职责之外，还能进一步明确企业组织岗位上的工作关系，进而促进了企业组织岗位之间的协调与沟通，有效地避免了不必要的冲突。

③有利于员工业绩的考核。在企业管理层中，岗位规范为企业管理者提供了评价部属业绩的客观标准，利于企业管理者对员工的考核做到公正、公平。

④有利于让企业走上规范化管理的道路。在企业管理层中，岗位规范为企业管理者提供了更多的管理细则，这些细则从整体上提高了企业组织的管理水平。

从上面的阐释中我们可以看出，“岗位规范”对于企业管理者来说具有非常重要的意义，那么一个企业管理者应该如何来编制企业的岗位规范呢？管理学大师彼得·德鲁克认为，编制企业岗位规范的原则主要有以下几点：

（1）企业组织的目标原则。

企业管理者以打造高效管理团队为出发点，编制企业岗位规范其目的就是为了更好地实现企业的组织目标。因此，企业管理者在编制企业管理层岗位的时候，所有的工作都必须围绕着“完成组织目标”这一原则去进行。

在实际操作的过程当中，企业管理者需要注意的是：企业管理团队的目标要服从于企业的总体目标，应该是企业总体目标的分解；部属的个人目标是岗位规范的具体化依据，一定要善于用个人目标来描述岗位职责。

（2）权责对等的原则。

企业管理者应该明白："责"就是部属在工作岗位上所应该承担的目标责任。部属的职责在除了规定要"做什么"之外。还应该规定"做的结果"和"应该达到的效果"。"权"就是部属在完成自身职责之时所具有的权力或权限，部属的职权大小通常和他们所处的职位有关。

所以企业管理者在打造高效率团队之时，一定要明确部属的职责与职权，让职责和职权的对等关系，防止出现"有责无权"或"有权无责"的两种不利现象，应该做到责任与权限一致——只有当权责对等之时，企业组织才会发挥出最佳效果，否则将会影响工作效率，甚至会出现管理混乱，最终导致团队被迫解散。

（3）权责清晰的原则。

对于任何一个企业管理者而言，在打造高效的管理团队的过程当中，坚持权责清晰的原则具有很重要的意义，因为部属岗位上的职权与职责越清楚就越有助于企业组织实现既定目标。企业管理者制定部属的岗位目标时候，一定要确保各司其职、各尽其责，做到每一个职位不出现重复、空白现象。而且在工作中也要注意各个岗位之间的协调配合，从而充分发挥团队的整体管理效率。

因为权责清晰的尺度一般都是很难把握，所以要求企业管理者在实际工作中要做到以下几点：

①企业管理者要学会慧眼识人，将那些有潜力的部属放在企业工作和发展的关键岗位上。

②每一个岗位上都要有明确的权力和责任的说明，使得岗位上的责任人能够在适用的范围内利用其权力。

③企业管理者在打造高效的管理团队之时，要遵循权责清晰的原则，就必须做到“疑人不用，用人不疑”。在这个过程当中，只要是企业管理者自己认定的人员，就必须在工作中考验他们，允许其犯错误，但他们应保证正确地使用自身的权力去做正确的事情。

（4）一个上级的原则。

一个岗位上只需要一个负责的上级领导，才能够避免“多头指挥”，也能够避免部属在工作中不出现指挥混乱和部属无所适从的现象。在这个过程当中，企业管理者要对任务繁多的岗位进行有效的归类，将任务分类后再进行仔细的规划，最后去掉重复的岗位，避免出现“一岗多人”的现象，而且可以适当地增加岗位上的权限，同时找到需要增添的岗位，使得团队成为一个严整整体，产生更大的效率。

（5）权变原则。

对于企业管理者而言，在打造高效率的管理团队之时，还要根据权变原则。众所周知，岗位规则不是一成不变的，企业管理者应该根据其企业组织岗位的条件变化而及时地作出反应，以适应企业组织发展的需要。但企业管理者需要注意的是，岗位规范也要有一定的稳定性，从而有利于经营活动的有序进行。

总之，通过对以上规则的把握后，企业管理者就能够掌握给部属分配合适工作岗位的方法，做到“人尽其才”，从而让自己管理的团队产生巨大的凝聚力和向心力，使得团队的工作效率大大提升。

3. 有效授权给下属——提升团队效率的重要方式

作为一名企业管理者，由于职责的繁重，因此我们不可能做到事必躬亲。因此，企业管理者应该积极地发挥授权作用，通过有效地授权来实现“抓大事，放小事”的目的，充分地调动属下的积极性和创造性，打造一支高效率的团队作为自己的“臂膀”，让自己的管理发挥预期的作用。

事实上，企业管理者给部属更多的授权，不但能够有效地节约自己的时间和精力，而且也能让下属的积极性和创造性被大大激发，使得他们的能力提升得更快，个人价值也得到更好的体现，这也使得下属个人的目标和企业的组织目标形成一个整体，从而打造一个齐心协力的高效率团队。由此可见，有效的授权就是企业管理者用来提升团队效率的一个重要方式。

众所周知，权力从来都是一种强大的力量，所以利用权力时要遵循必要的规则——对于一个高明的企业管理者而言，他不但应该学会掌权，更应该学会收权。哈佛大学商学院教授迈克尔·波特说过：“几乎每一个聪明的企业管理者都是把任务和责任交给其他人去完成，他从一开始就扮演着引导者的角色，引导着责任人向他所希望的方向发展、努力。”

然而，现在却有很多企业的管理者因为对于权力的迷恋，或者是因为对自己的能力过于自信，因此不给下属相应的权限——虽然让他们去完成任务，但却不给他们完成任务的自由，结果使得下属们在完成任务的过程当中处处受制，最后导致任务没能落实到位。更为重要的是，这使得团队的凝聚力和向心力大大下降，效率也出现了严重的下滑。正是基于这种情况，杰克·韦尔奇建议：“信任自己的属下，正确认识自己的能力，在给予别人任务的同时，也请给别人发挥创造力的权利——学会有效授权就是打造高效率团队的关键。”

卡梅隆在一家玩具生产企业做了十年的普通职员，在这十年中，卡梅隆负责的工作只有一项，那就是给玩具贴上商标。因为卡梅隆是一个在工作中非常勤恳认真的人，所以他的工作总是一丝不苟，即便是一个贴商标的工作，他也努力做到最好。但是卡梅隆所负责的工作非常不起眼，因此他一直都没能引起管理层的注意。就这样，卡梅隆在这样一个卑微的工作岗位上一干就是十年。在卡梅隆工作的第十一个年头，他终于迎来了改变自己命运的那一天——因为老板最信任的质检部门负责人因车祸丧生，所以决定重新选出一个值得信赖的人作为质检部门的负责人。

这一天，卡梅隆和平时一样走进车间，但却发现所有的人都被召集起来。老板要求车间所有的人在半个小时内给100个玩具贴上标签，在规定时间内贴完标签的人都能够获得和老板共进午餐的机会。这对于负责商标粘贴的所有员工来说都算不上一件难事。于是，大家都开始慢悠悠地贴起商标来了。当计时器刚刚闪过十分钟的时候，就有人站起来说他做完了。这个人就是卡梅隆。

老板在接过卡梅隆贴好商标的玩具之后立刻说道："他就是我要找的那个人，从现在起他就是我们的质检总监。"实际上，老板之前就发现产品上的标签贴得都不一致，但其中有一批次产品标签贴得特别端正，而且产品标签上的塑料薄膜几乎没有存在脱落的现象，于是他决定找出这个认真工作的员工作为质量总监。

在接受了半年的培训之后，卡梅隆真的当上了质检总监。可是，卡梅隆总是不够信任自己的属下，只要属下出岔子，卡梅隆就会亲自去干，几乎事必躬亲。可是，一个人的力量毕竟是有限的，虽然他没日没夜地干活，但还是出现了质量事故。造成这种局面的最主要原因就是他不懂得适度的去放权——他陷入了一种恶性循环当中，工作越做越多，也感到越来越累，而效率越来越低，事故也越来越多。最后，卡梅隆又回到了他干了十年的贴标签职位上，因为老板告诉他："一个不懂得放权的管理者注定不会合格，你最胜任的工作就是给产品贴标签，而不是管理一支团队。"

我们可以从上面这个案例中看出：任何一个企业管理者都不敢说凭借自己一人之力可以做好一个企业，所以，企业管理者在管理的过程当中进行适当放权就显得非常之重要。

管理学界有这样一句名言："管得好的人往往都是管得少的人。"可见，企业管理者进行适当的放权不但能够让自己更轻松、更有效率地胜任企业的管理岗位，同时能够让企业的生产效率大大提升，获得良好的发展前景。

管理放权并不是简单地将任务权限交给属下，而是应该在遵循一定的原则基础上进行放权。如果不遵循一定的原则，那就不叫放权，而叫做“放纵”。既然有效的授权是企业管理者提升团队效率的一个重要方式，那么企业管理者该如何去做才能保证授权的有效性呢？对于放权的管理原则，企业管理者应该遵循以下几个原则：

（1）明确授权范围。

对于任何一个企业管理者而言，有很多的工作项目都事关全局，而这类工作必须自己亲自处理，不能够随便授权于属下。相反，那些纯粹的技术性工作或者行政性工作，是应该交给自己的属下去完成的。

值得注意的是，在进行企业管理的过程当中，总会有很多工作介于这两者之间——既可以授权，也可以由企业管理者自己去完成。因此，在面对这种工作时，企业管理者也要做到“不大包大揽”，而是有选择性地进行授权——按照工作责任的大小、影响的程度去安排工作，知道哪些工作应该自己去完成，哪些工作应该授权给下属去完成。

①该授权的工作。一般来说，这类工作都是下属完全能够胜任的，比如说企业的日常事务性工作、相关的接待工作和具体的业务工作等。不过由于种种原因，很多的企业管理者总是将这些工作留在自己的手边，或者是习惯于自己去做，也可能因为自己特别喜欢做这些工作而不授权给属下去做。可以说，这些做法都是错误的，不利于打造一支高效率的团队。

②可授权的工作。通常来说，这类工作都具有一定的挑战性和难度，这就要求责任承担者具有相当的技能才能胜任。正因如此，很多的企业管理者都不放心，总是亲力亲为。事实上，对于这类工作，企业管

理者可以根据自己的时间和企业的具体情况，有选择地授权给下属，在授权的时候注意下属的态度，并且为下属提供能够完成工作所需要的指导——这样做能够培养出优秀人才，充分地调动了下属的积极性，减轻了自己的负担，从而提升团队的效率。

③不宜授权的工作。在企业事务中，有些事情事关全局，是企业中最为重要的工作，而这类工作一旦出现失误往往会给企业带来巨大的损失。一般来说，这类工作包括制定企业未来的发展计划、对下属的考核、重大生产经营决策等，由此可知，这类工作都是不可授权的，企业管理者必须亲自去做。

（2）掌握授权重点。

企业管理者要想实现有效授权，就应该考虑以下几点：

①企业管理者应该明确工作任务。企业管理者首先应该明确地表述自己授权于下属的任务，要让下属明白自己所做的这项任务的要求和内容，尤其是要将预期的目标表述得非常透彻，而且这种任务目标最好是易于评估和能够量化的。对于下属完成任务的方式，企业管理者则可以根据任务的具体情况，争取给下属一个更大的空间，充分地发挥其创造性和积极性，使其将工作做到最好。

②企业管理者应该明确工作职权。对于企业管理者来说，任何一次授权都具有其既定的范围。企业管理者在授权给下属的时候，应该充分考虑完成这项任务所应该具备的条件和所需要的各项资源的悬殊程度。比如说，为了完成某一项工作，可以提前告诉负责做这项工作的下属，他可以向其他部门借调多少人员，还可以申请多少经费等，这些都应该明确地告知下属。同时，还应该告诉下属，在遇到困难的时候该怎么

办，可以向哪些人寻求帮助。

③企业管理者应该明确工作义务。在企业管理者授权之后，并不是说企业管理者对这项工作就没有一点义务了。通常来说，企业管理者还承担着监督的职责——下属应该必须向其汇报工作完成的进展情况，这是企业管理者在授权给下属之时就应该明确的。一般来说，下属把工作计划提前交给企业管理者，在征求了企业管理者的意见之后再着手。

④企业管理者应该明确任务完成的验收方式和期限。企业管理者在授权的时候就应该明确，授权给下属的任务应该在什么时候完成，要求达到什么样的标准。所以，企业管理者在交给下属任务之后，应该告诉下属这项工作的验收方式和期限，从而保证下属有足够的时间去做好工作。

⑤企业管理者应该掌握必要的授权技巧。企业管理者授权给下属并不是简单地将权力下放，而是应该灵活地运用一些授权技巧去授权。比如说，企业管理者应该掌握下属的心理，懂得运用技巧去督促下属，让下属更好地完成任务，同时增加下属的信心和企业的凝聚力。

⑥实施的激励。企业管理者给下属授权之后，还要适时地去激励员工。可以说，在企业管理者对下属授权之后，不要把授权当作是一件理所当然的事，而应该让下属体会到自己工作的价值，让下属保持工作的积极性。

总之，有效的授权对于团队建设尤为重要，而授权是否得当也影响着企业的运行效率。所以企业管理者应该掌握好上述原则，尽力做到有效授权，让自己成为一名出色的效率提升“大师”。

 4. 塑造共同的价值观，共同提升效率

任何一个企业管理者都明白，企业是一个由很多小团队组成的，每一个小团队都有着属于自己的发展特点与目标。因此，对于任何一个企业管理者而言，要将企业组成一个大的团队并不难，难就难在如何让企业中的小团队都以组织的利益为先，即让企业中的每一位员工都成为企业这个大团队中的一部分，与企业完美地融为一体——如果不能完全融为一体，那么这个企业注定不会成为一个高效率企业。

实际上，要将企业中的所有员工协调统一成一个整体，对于每一个企业管理者来说都是一件有难度的事情。因此，杰克·韦尔奇说："让一个人管理企业不是一件难事，难的是他如何让整个企业成为一个高效运转的整体，如何让每一位员工、每一个小团队都发挥出自己最大的功效来。"

那么，企业管理者应如何做，才能让企业中的所有员工都完美地融合成一个整体呢？答案就是塑造共同价值，共同提升效率。

因为在企业中的每一个人受到的教育和成长的环境都是不同的，所以每个人的价值观也都存在差异。而共同的价值观恰恰是让一个企业凝聚成为一个整体的关键条件，所以企业管理者要想将所有员工完美地融合为一个整体，就必须为其塑造共同的价值观，实现大家的共同利益，从而有效地提升企业的生产经营效率。

杰克·韦尔奇认为，塑造企业成员的共同价值观的方法主要有以下几个方面：

（1）提炼企业中的共同价值观。

所谓的“共同价值观”就是指全体员工和企业管理者在长期的工作中进行价值观的不断磨合和碰撞之后所形成的统一价值观。一般来说，企业中的共同价值观的形成可以是有意的，也可以是无意的。管理者要让员工认同和践行企业的共同价值观，就应该将企业的共同价值观提炼成为文字，以文字的形式表述出来，形成一种企业核心文化。

①任何一个企业的共同价值观的最核心、最基本的构成部分都应该是以人为本。企业管理者需要明白的是，每一位员工都是一个具有思想的独立体，员工们的自我价值都是在企业中实现的，因此企业要肯定每一位员工的个人价值。所以，企业管理者在塑造共同价值的时候，一定要施行以人为本的管理理念。

②企业利益与发展也体现了共同价值的一个方面。每一位员工都希望自己的努力获得相应的回报，都希望自己的企业能够成为知名企业，所以企业管理者应该保持企业的利益和员工的共同价值的一致。

③共同价值观也体现在社会价值中，是社会价值中不可缺少的一环。企业管理者应该知道，每一个人都是社会中的一分子，他们都有为社会作贡献的责任，通过社会贡献值来体现自己的社会价值并得到社会的认可，这几乎是每一个人的意愿。所以，企业管理者在塑造企业共同价值观的时候，一定要考虑企业在社会中的价值体现。

企业管理者在提炼企业的共同价值观的时候，应该反映社会、企业和员工等各方面的利益，实现各方共赢——当员工的个人价值和企业的生存价值保持一致的时候，员工们就会将为企业效力看作是为自己的理想而奋斗。所以，员工就会在工作之时更加努力，努力将工作做到最好，从而让企业的生产、经营效率不断地提升。

此外，企业管理者在提炼企业的共同价值观时，应该让所有的员工都充分参与进来，并积极地发挥每一个人的主观能动性。单靠企业管理者或个别企业成员是很难提炼出共同的企业价值观的，而且很可能只能满足个别人的利益。所以，企业管理者可以采取更恰当的方法——让全体员工都参与进来，积极地提出每个人的建议和意见，最后在初步归纳的基础上，由全体员工去讨论，就能够提炼出企业的共同价值观。

（2）移植企业中的共同价值观。

企业管理者必须将共同价值观根植于员工的心中，让企业的共同价值观成为员工的个人价值观，这样员工才能接受企业的共同价值观。企业管理者将共同价值观移植到企业中去，尤其是贯彻于每一个员工心里，并不是一件简单的事情，这在很大程度上需要企业管理者采取有效的方式，才能促使每位员工都拥有企业的共同价值观。

①企业管理者应该言传身教。因为企业管理者是企业的主心骨，

所以他们对于团队所产生的影响是巨大的，尤其是对价值观的影响，有什么样的企业管理者就有什么样的企业共同价值观。在企业中，员工对于企业共同价值观的感知和领悟，更多来自于企业管理者的言传身教。因此，当企业的共同价值观已经被提炼出来之后，企业管理者就应该利用各种场合，反复向员工灌输共同价值观，使得每一位员工能对企业的共同价值观产生更多的认同感，并激发其推崇企业共同价值观的强烈意识。同时，企业管理者还应该号召下属各级管理者努力地实践，以自己作为实践企业共同价值观的标杆或楷模，从而增强每一位员工的工作积极性，大大提升企业的效率。在这个过程当中，最忌讳企业管理者说一套、做一套，使得企业的共同价值观在形成的过程中受到很大的影响。

②企业管理者应该组织新老员工培训，灌输及保持他们的企业共同价值观。众所周知，企业的共同价值观就是培养企业文化中的一个重要组成部分。在企业中，共同价值观的培训对象不但包括新员工，更应该包括那些思想上出现懈怠的老员工。几乎每一个企业在新员工进入公司之后，都会为其讲解企业的共同价值观，为新员工认可企业的共同价值观奠定基础，从而使他们尽快地熟悉企业文化，尽快地融入企业的大团队中来。

很多大企业都存在很多思想消极的老员工，他们对待工作已不再努力，其原因就是他们对企业的共同价值观的认可度下滑。所以，企业管理者在培训新员工的同时，也不能忽视老员工——采用培训的方式让老员工再“回炉”，让他们重新认可企业的共同价值观，重拾激情为企业工作，发挥元老的作用，让企业产生更大的效率。

③不断地组织各种活动，让员工在活动中潜移默化地认可共同价值观。对于任何一个企业管理者来说，组织丰富的活动是必需的管理手段之一，因为这能够轻松地让员工认可企业的共同价值观。

一般而言，寓教于乐的活动是灌输企业共同价值观的最好方式。企业管理者可以设计和开展一些员工喜欢的活动，比如球类比赛、歌唱比赛、社区服务和义务献血等活动。这既能加强团队的协作观念，让员工在轻松惬意的氛围中体会到企业共同价值观的内在含义，从而使得企业共同价值观在潜移默化中灌输给员工。

（3）践行企业的共同价值观。

对于企业管理者而言，实践企业的共同价值观同样具有很大的意义——实践是让企业的共同价值观在员工心中扎根的最好方式。

①企业的规章制度是员工实践共同价值观的基础。企业的规章制度对于企业来说是必不可少的管理“基石”，全体员工都必须遵守。因此企业管理者在推行企业共同价值观的实践当中，必须以企业的规章制度为基础，组织员工们在这一基础上更好地去实践。

通常来说，如果企业的员工能够认真地遵守企业的规章制度，那么就表明他接受了企业的共同价值观；反之，就表明他对企业的共同价值观并不完全认可。

②在企业管理者的日常决策行事中体现共同价值观。在企业的共同价值观形成之后，企业管理者在日常管理、决策判断和顾客服务等事务中都应遵循共同价值观所标注的准则。只有这样，员工们才会以企业管理者为标杆，按照企业的共同价值观所标注的去做，且做到最好，让企业产生更大的效率。

③企业员工的奖惩应该以共同价值观为依据。对于企业管理者而言，员工的奖惩就应该以企业共同的价值观所标注的具体条款为依据，符合奖励条款的给予奖励，触犯惩罚条款的施以惩罚。企业管理者如果

能做到这些，那么员工就会更加认可企业的共同价值观，并且会为成为团队中最优秀的一份子而努力，从而使得企业的效率得到更大的提升。反之，如果企业管理者不能做到这些，总是以个人的好恶作为奖励或惩罚的标准，那么会对企业造成不利影响，并且会使得人心涣散，根本无法组成一个有效率的团队。

5. 杰克·韦尔奇的“五大手段”——让团队产生高效率的秘籍

对于企业管理者而言，如果要让自己的团队更高效，就必须拥有高超的管理手段，因为管理手段是做任何事情的直接行为方式。杰克·韦尔奇认为，在传统企业的层级组织中，每一个部门的员工都被要求做好自己的工作，而不需要和其他的部门发生关系，结果这种传统模式导致企业中的各个部门都成为独立的“小团体”，不愿意与其他部门进行配合、共享经验，也导致各个部门的资源无法共享，使得企业的生产经营的效率大大下滑。因此，以高超的管理手段让企业的各个部门携手工作，不再进行独立运作，就能够提升企业的效率，打造高效率的团队。

在提升团队效率的问题上，杰克·韦尔奇总结了“五大手段”。下面我们就来看看杰克·韦尔奇提升团队效率的手段的具体内容：

第一大手段：努力培养团队精神，增强团队的向心力。

杰克·韦尔奇认为，团队精神就是团队的核心力量，它能够最大限度地推动团队的发展，提升团队的工作效率。当然，要培养团队精神并不容易，必须对所有的成员进行长期的、持续不断的培养。

杰克·韦尔奇在GE公司任职期间，非常注重对员工的培训工作，总是利用很多的课时来培养员工之间相互协作、以集体利益为重的精神。结果是，杰克·韦尔奇的这种做法收到了很不错的效果，GE公司中的员工都有着很强的团队精神，做事时都从集体的角度出发，形成强大的向心力，促使企业的效率成倍地增加。

杰克·韦尔奇认为，要使用好这一手段，关键就是要突破传统企业管理模式中的层级组织，要在企业中建立良好的服务意识，为企业创造一种互相理解、互相尊重、广泛交流和乐于合作的新型管理氛围，并通过构建能够增强企业向心力的管理机制来培养团队精神，从而提升团队的效率。

第二大手段：塑造共同理想，提升团队的凝聚力。

杰克·韦尔奇说过："凝聚力是提升团队效率的关键，一个处在涣散状态中的团队是根本谈不上效率的。"

可以说，理想就是每一个人在内心深处对于某一个目标的追求和实现。而在追求目标的过程当中，人总是会鼓起勇气，为实现理想做出巨大的牺牲。所以，在企业管理者为自己的团队塑造了共同理想之后，所有的成员就能以共同理想为奋斗目标，从而增加企业的凝聚力。由此可见，企业管理者要想打造高效率的团队，就必须塑造共同理想，以保持一致的利益，让成员都彼此信任，才能够提升团队的效率。

杰克·韦尔奇认为，塑造共同理想的最佳方式就是建立良好的人才发展机制。通常来说，建立好的人才发展机制，帮助每一个员工做出合理的职业生涯规划，使其在为企业努力工作的同时，也能够为自己创造很好的发展机会和收益，使得自己的收益和自身价值相匹配。此外，建立好的人才发展机制能促使员工不间断地去“充电”。为此，企业也为员工提供各种“充电”的机会，让员工的能力不断提升，使得更多的普通员工变成“人才”。

第三大手段：强化沟通信任氛围，提高团队的亲和力。

不可否认，亲和力也是提升团队效率的一个重要方面。杰克·韦尔奇曾经说过：“当所有的成员都保持一张亲和的面孔之时，这个团队的工作就会进行得非常顺畅，从而让团队效率大增。”

对于企业管理者而言，自己团队中的每一位成员所受到的教育和成长经历都有着很大的不同，因此，他们看待问题的着眼点都不相同——每一个人都有自己的想法，都有自己的判断。可以说，这种想法和判断上的不同就是产生矛盾的根源。而解决的办法就是增加沟通渠道，建立信任的氛围，运用团队亲和力去化解矛盾。正如杰克·韦尔奇所说：“当每一个人的想法都值得倾听，当每一个人都愿意为别人做出牺牲，没有人会断章取义地理解别人，那么这个团队就是一个很棒的团队。”

对于企业管理者而言，要营造出良好沟通的氛围，就要处理好团队内部的问题，对此，要求企业管理者做到以下几点：

①开诚布公。企业管理者要利用多种管理方式让每一位成员都了解真实情况，并解释团队做出决策的真实原因，对于团队中存在的问题要坦诚相告，客观地披露相关的信息，鼓励每一位成员都说出自己的看法，做到坦诚相待、充分沟通、荣辱与共。

②要确立“人性化管理”理念。在决策的时候，企业管理者一定要充分地征求成员们的意见，争取让每一位成员都参与进来，增强成员的被尊重感和参与意识。但应该时刻注意避免决策过程中的官僚主义，使得团队能够凝聚在一起，提升团队效率。

③绩效考核过程中要做到客观公正，不偏不倚。对于企业管理者来说，进行绩效考核过程中做到不偏不倚、客观公正，就是对每一位成员最大的尊重，而且这样做能够让彼此感受到真诚相待，这样就会促使大家更加团结，也更有利于团队的协作，大大提升团队的效率。

第四大手段：强化团队的激励机制，提升团队的战斗力。

杰克·韦尔奇认为：“高效的团队运作仅仅依靠所有成员之间的信任关系是不幸的，企业管理者还必须建立有效的激励和约束机制，以此调动成员的积极性，有效地减少成员的道德风险。”根据杰克·韦尔奇的观点，企业管理者在强化团队的激励机制之时，一定要做好以下几个方面：

①在给予员工足够信任的同时，企业管理者还应该保证整个团队目标和成员的目标相一致。这就要求成员在信任的基础上，以契约的形式将大家紧密地联系在一起，并且以契约的形式明确每一个人的权利和义务。

②企业管理者在将所有成员组成整体的基础上，再深入研究每一位成员之间的联系和需求，从而构建出有效的约束机制和激励机制，将成员的个人收益和团队的总体效益结合起来，促使成员在创建团队绩效中更加努力。

a. 适当的放权。企业管理者适当的放权是建立激励机制的必要条件之一，可以使每一个成员的自身价值和团队的业绩紧密地结合起来。

b. 要有明确的团队目标。企业管理者应该知道，明确的团队目标是成员协作工作的基础，也是每一个成员了解团队远景和目标的渠道。

c. 在具体的工作中，企业管理者要采用物质激励、精神激励、危机激励、民主激励、关怀激励和爱心激励等策略，保持团队成员的积极性与工作动力。

第五大手段：强化学习型组织创建，提高团队的生命力。

杰克·韦尔奇提醒企业管理者："团队中合作态度的形成与强化，要通过不断地学习去实现。"因此，企业管理者要想打造出一个高效的团队，就必须做好以下几点：

①企业管理者要加强自我管理，成为企业的标杆。这就要求企业管理者要率先垂范，加强自身业务与技能的提升，并带动更多的人努力提升自己。当所有人都成为技术骨干的时候，这个团队就拥有了绝对的高效率。

②创造学习条件，让大家努力提升自己。企业管理者应该为员工创造学习的机会和条件，让员工拥有不断提升自己的环境和条件，这是提升员工能力，提升企业生产经营效率的关键。

③善用恳谈会的方式。企业管理者应该多利用恳谈会的方式让大家能够畅所欲言，充分地表达出自己的意见和看法，从而拓展工作思路，以此提升企业的效率。

④积极地组织各种业务和技能培训。企业管理者应该组织各种培训活动，通过不断地提升员工的个人技能来增强企业的整体素质，并且提升企业的效率。

⑤企业管理者应该积极地提倡知识管理。对于企业管理者而言，应该积极地提倡知识管理。增加每一个成员的知识储备，就是在增加整个团队的知识。对于企业来说，员工参加培训不仅仅会影响到某一个员工，而且还会让他成为集体中的传播者，让他身边的每一个人的知识都变得丰富起来。所以说，企业管理者要积极地提倡知识管理。

总之，我们从杰克·韦尔奇提升团队效率的“五大手段”中可以看出：一个企业团队要想拥有很高的生产经营效率，就必须积极地提升员工的积极性、加强企业对于人才的吸引能力和凝聚力、提高企业生产率水平、拓展工作技能、实现资源共享、改善沟通环境和提升企业管理者自身的管理水平等方面做起。只有解决好这几个方面的问题，企业管理者才能够成为一名出色的团队领导者，才能够打造出高效率的团队。

6. 塑造团队精神是提升企业效率的关键

对于企业而言，团队精神是整个企业的凝聚力和向心力。那么，什么是团队精神呢?

团队精神是指团队成员为了团队的共同利益和目标而采取的相互协作、帮助、团结、友好的关系以及互相之间尽心尽力为了整个企业而共同努力的作风与意愿。可以说，团队精神的作用就是将企业各个成员之间的专业技能、创造性、积极性共同发挥出来并将之聚合成为一个整体，向着同一个目标而进行资源整合和利用，这样形成的强大力量可以为组织指引一个共同的目标并作为其前进的驱动。由此可见，团队精神的核心就显得非常明显，即“共同奉献”的精神。如果没有这一点，那么整个企业就好像一盘散沙，毫无凝聚力，企业的团队就只是松散而懈怠的众多个体的集合，称不上是一个严整的整体，也凸显不出企业的团队力量。

此外，对管理者而言，团队精神的意义也是十分重要的。一个团队整体素质的高低、效率的高低，都和团队精神有着紧密的联系。即使个人的能力再突出，整体的合力再强大，如果没有团队精神做支撑，那么这个团体就是没有任何竞争力可言的，终将成为被淘汰的一方。因此，对于每一个企业的管理者而言，无处不在的团队精神是指引企业走向成功的基础，应该予以重视，并有意识地培养团队中的每位成员对企业的高度忠诚度和责任感。而自己对企业也应具有强烈的归属感和一体感。只有这样才能够真正地做到互相协调、相互合作、相互弥补缺失，共同进步。

可以说，形成团队精神的过程就是一个整体的队伍的塑造过程，其过程是艰辛的、复杂的，但是却充满着激情和动力，企业管理者只有按照以上的几点原则有效地进行，才能实现企业的目标，从而实现企业效率的大幅提高。

下面的案例就可以充分说明这一点：

作为日本第一家拥有彰显团队精神歌曲的企业，松下公司对价值规范尤为重视。对于松下公司的员工而言，工作占了他们很大一部分时间，因此其重要性不容小觑。松下公司认为，只有通过公司里的每一位员工的共同努力和相互协作，才能够实现公司的共同发展和进步。因此，只有每一位员工都致力并专注于自己的工作，公司才能够得以长足发展。为此，松下公司为每一位员工制定了公司的信条和价值观——光明正大、工业报国、团结一致、共同向上、礼貌谦让、顺应形势、感恩戴德。

松下公司的一位高级管理人员曾经说过：“这种公司制定的鼓舞员工价值观的信条在西方人的眼中看来可能是愚蠢，甚至是可笑的，但是当每天早上八点钟时，整个日本有大约87000人在朗诵这个信条并在一起唱诵公司的歌曲的时候，就好像我们全都融为一体了，丝毫不显得愚蠢，相反，却是那么的激昂和鼓舞人心。”

在松下公司里，员工至少每两个月要参加自己所在的小组中召开的一次小型会议，而每一个员工都需要在会议中发言，就自己就业的价值观以及自己对社会的看法和关系做一个长达十分钟的阐述。

在以松下公司为代表的日本企业看来，要想说服别人，首先就要先说服自己。松下公司就是通过这种不断地向公司员工反复灌输价值观的方式，才得以蓬勃地发展，并取得了很好的效益。

几乎每一位松下公司的员工都曾经听过松下公司的创始人、著名的企业家松下幸之助说过的这句至理名言：“假如你犯了一个错误，公司会宽恕你，并愿意将这种代价和损失作为培训的费用，从中吸取经验教训；但是如果你违背了公司的基本原则，那么毋庸置疑，你一定要受到严厉的批评和惩罚！”

通过松下公司教育员工的例子就可以看出，企业制定一个统一的价值规范有多么的重要，其起到的作用多么强大。企业由此而形成的这种团队精神也变得更加坚固而有力，并且也会成为企业员工奋发向上的动力，进而提升整个队伍的工作效率，提升企业的效益。

如果管理者想要塑造出无所不在的“团队精神”，应该怎么样做呢?

（1）企业的成员之间要形成高度的责任感和彼此的信任感。

因为团队之间彼此的责任感和信任感是塑造整个团队精神的前提。只有每个成员之间能够彼此信任、熟悉，才能根据对方的性格特点、工作能力、品格进行合作，并在彼此间形成一种信赖的氛围，这样才能产生更多积极的工作情绪。

另一方面，对于企业管理者和团队的领导者而言，这种彼此的责任感和信任感是管理能够有效进行下去的前提。因为只有彼此间建立足够的信任，并且以身作则，才能够在工作中更有说服力，进而和企业团队成员之间建立互信、互助、彼此协调的关系。对于企业的信任关系的解释，Borden F. Shea这样说过："信任感是组织生命中产生奇迹的重要因素——就像一种可以减少摩擦的润滑油，也像是能够把不同的部件组合到一起，并牢牢黏结住的黏合剂，对整个企业的行动有着积极的催化作用。总而言之，信任感对工作的作用是别的因素都无法取代的。"这句话形象地说明了信任感在企业中所起到的重要作用。

而对于企业的管理者和领导者来说，想要培养出这种信任感，就需要做到以下的几点：

①企业的管理者和领导者要同时向企业和员工表明，不仅是为自己的利益而工作，更是为了企业和员工的利益而工作，绝不能利用自己的职务之便牟取私利。

②企业管理者不仅要坚定地表明自己支持团队的工作和与之共同奋斗的决心，更要在行动上有所体现。尤其当企业的员工遭到外来敌对力量攻击时，企业管理者要坚决站在自己团队一边，公平、公正地维护自己企业成员的利益和安全，这样才能充分地体现出管理者对其员工的忠诚态度。

③诚实、坦然地面对企业中出现的问题。只有做到诚实、坦然地对待企业中出现的各类复杂的问题，才能在员工中树立自己的威信和表明自己的诚意。因为员工会因一些模棱两可的事情而对管理者不信任，所

以企业管理者只有做到诚实、坦然地及时将出现的问题告诉员工，才能让员工及时获得信息；同时管理者还要及时将问题加以解释并阐述其决策的原因和目的，以免问题进一步扩大而引起员工的误会。企业管理者只有坦诚相告，无所隐瞒，才能得到员工们的理解和支持，赢得员工的信任。

④保持公正、公平的原则。企业的管理者要想获得企业员工的信赖和认可，就要在采取任何决策和行动之前，先考虑一下员工或其他的部门领导者对自己决策和行动的看法和意见，以及是否具有足够的公平性和公正性。另一方面，对企业员工要做到赏罚公平，不能有所偏私。尤其在进行绩效考核评估时，更应做到公平、公正、公开，客观而理智地思考员工的表现。

另外，管理者要想在企业中充分展现自己的优势和才能，树立自己的威信和地位，获得员工的信赖和认可，就要充分地表现自己高超的专业技能、良好的商业意识和领导才能，这样更能获得别人的尊重，也有利于自己的管理；同时，也要注意培养自己的良好的沟通和交际能力，这一点也是自己在员工中建立信任关系的基础。

（2）作为企业的管理者，除了要团队成员建立信任感之外，还要确立团队的共同目标。

共同的目标是一个团队整体前进的引航标，指引着团队向着共同的方向迈进。因此，在彼此信任的基础上，共同的目标就显得尤为紧迫和重要。可以说，目标实现的过程就是整个团队精神的塑造过程，而这个共同的目标不仅指明了团队为之努力前进的方向，更表明了一种为之倡导的团队精神的塑造价值。因为只有明确了团队的共同目标，才是整个团队的希望所在，才能为之形成强大的凝聚力和驱动力，实现打造出一支具有团队精神的强大队伍。

企业管理者要想设立共同的目标，就需要按以下几个步骤实现：

①企业管理者应结合总体目标和任何可以支配的资源，对现有的目标进行拆分和资源的调配。

②企业管理者应促使团队之间形成统一的意见，尽量排除和避免分歧，明确小组的目标和个人的目标。

③企业管理者应制定合理、公正、客观的奖惩制度，并且对共同目标的实现具有一定的激励作用和约束的作用。

④在目标的实现过程中，企业管理者要派专人来控制，并由管理者统一协调管理。

（3）企业管理者在管理企业的过程中要形成统一的价值规范。

在整个团队中，企业的成员除了要完成各自的既定目标之外，还必须为着一个共同的目标而努力奋斗。在团队成员之间进行有效的信息交流和分享彼此成功或失败带来的自豪或沮丧的同时，企业团队的凝聚力就得以体现，进而形成一种统一的价值规范。

实际上，统一的价值规范也体现在日常的生活中，其主要表现在：与人相互合作的过程中和与人相互交流沟通的过程中。只有通过对这两点的充分把握，才能衡量企业团队的价值规范取向是否明确和统一。这一点甚至可以具体地体现出企业的哪位员工在实现共同目标的过程中会显得格格不入，进而可以对其进行处理和与其进行沟通。

第八章

战略决定工作时效：战略决定方向，更决定利润

作为一名合格的企业管理者，能够有效制定和实施企业的发展战略是他们管理的必修课。因为一个企业的战略规划是企业发展的核心与动力，更是企业能否产生高效率的关键。

从世界500强企业的成功经验来看，他们在企业管理中无不靠制定行之有效、持续发展的战略规划来获得成功的。世界顶尖管理大师彼德·圣吉曾经说过：“在企业管理的过程中必须要设立好长期的发展战略。因为企业发展方向和利润很大程度上都与发展战略有着非常紧密的关系。也就是说，战略决定企业能否产生高效率，战略决定工作时效。”

越来越多的企业在发展过程中遇到这样那样的问题，那他们是否能对自身的发展战略作出及时调整呢？因为从那些出现问题后没能及时调整发展战略而导致破产的企业来看，他们往往忽视了能产生高效率的发展战略。由此可见，战略对于企业发展的重要性——战略决定企业发展的方向与利润。

1. 另辟蹊径的战略是企业效率的“推动力”

从世界经济构成来看，民营企业在经济中扮演的角色及肩负的使命随着全球经济的不断发展逐步延展，不仅赢来前所未有的机遇，同时也面临着未知的挑战。这不仅仅是因为民营经济占据着社会经济很大的比重，其隐含的社会价值比重也逐渐显露出来。在这种情况下，民营经济体想要得到长远的发展，就必须做好战略规划，这样才是提升民营企业效率的不二法门。

> 在民营经济发展过程中，民营企业会表现出非常强的活力，这种活力会随着企业家本身的价值观和战略规划发生改变。也就是说，那些已为企业发展做好明确战略规划的民营企业家在经济发展的过程中会一直保持旺盛的活力和外显的魅力，进而发展成为资金和技术实力都非常强的集团企业；但如果企业主不能为企业的发展做好全局战略部署，甚至只考虑眼前利益，这样的企业是很难继续存活下去的。

与那些大型企业集团相比，民营中小企业面临着不小的压力。比如：运营资金可能远远比大型企业少；科研队伍也逊色于大型企业；市场竞争优势和产品市场占有份额落后于大型企业。这些因素无不是困扰民营中小企业管理者的最大包袱。

对于中小民营企业的企业管理者而言，如何在市场运作中通过战略部署对企业实施多元化的产业布局及市场定位就显得尤为重要。但实际上，民营中小企业的多元化存在很多问题，很多业务单元彼此间配合得不够紧密，加之这些业务单元大多是基于企业管理者自身的政治及社会资源是否获得有效利用而决定的。当企业发展到新的高度时，这些民营企业是否继续实行多元化？实施多元化的前景是否客观？总部对下属公司如何进行管控？下属公司的组织如何构建、选拔人才……这一系列问题都是企业管理者必须解决的。

美国经济学家曾经在1998年的全球经济发展论坛上有过这样的预言：“中小民营企业会随着全球经济一体化步伐的推进而逐渐凸显出其不容忽视的作用，相信在不久的将来，中小民营企业也将会占据世界经济的半壁江山，甚至可以起到世界经济发展的‘晴雨表’的作用。”

经济学家的预言有一定的前瞻性。从目前全球经济的发展来看，中小民营企业的社会功效与社会价值越来越清晰地呈现出来——在世界经济中，中小民营企业拥有越来越多的话语权。很多人会认为，中小民营企业的发展会一帆风顺。然而，其在发展过程中同样遇到了发展的阻力与瓶颈，如果没有及时解决这些问题，对于企业的发展将十分不利。

如今，中小民营企业面临的最大问题就是战略规划。简单来说，就是对未来发展所作出的具体规划措施。如：企业实行多元化发展；对产品进行技术改造以便出口到更多的国家和地区；提高客户服务的水平等。

经济学家指出，在竞争日益激烈的市场环境下，中小民营企业的发展在很大程度上取决于他们能否另辟蹊径。如果企业能够找到一条适合该企业发展的最佳路径，那么该企业就会得到长足的发展，效率自然会比那些保持原貌的中小民营企业高得多。我们通过下面这个案例就能深刻理解此观点。

荷兰一家汽车厂商成立不到两年的时间，无论在资金上，还是制造工艺上，都无法与大的汽车厂商相提并论，可以说是个地地道道的中小型民营汽车企业。即便如此，该企业一直保持良好的发展势头。然而，该企业的汽车零配件却都从日本大的汽车配件厂进口。

2011年3月，日本宫城县发生了有史以来最为强烈的地震。地震重创了日本汽车零配件制造业，其中就包括给荷兰公司提供汽车零配件的厂商。地震直接使该厂商的生产处于停滞状态中，从而中断了对荷兰汽车企业出口汽车零配件。这样一来，荷兰汽车企业的生产也随之停滞，很多订单被迫延后。为此，荷兰企业的管理者召开了紧急会议，会议的主题是如何尽快进口汽车零部件以恢复生产。

最终，该企业总经理决定改变此前只在日本一国进口汽车零部件的战略计划，而转向美国和英国的汽车零部件厂商。没过一个星期，该企业不仅进口了所需的汽车零部件，还加大了汽车的生产速度，使企业的损失降到最低。经过这次教训，该企业决定将多方面、多渠道的进口战略写进企业发展章程中，并以此为鉴，促使企业不断发展。

其实在现实中，企业管理者经常会调整企业发展的战略。随着企业发展规模的不断扩大，产品也越来越受到消费者青睐。基于此，如果企业没能及时做出战略调整的话，很可能会出现“企业发展与企业战略思想产生矛盾”的问题。比如，某企业每年生产汽车3万辆，该汽车的销售量又不断提高，如果企业管理者不及时调整战略思想，不增加汽车产量的话，可能会流失掉很多客户。

出现这种情况，有人可能会说：“公司的规模和生产能力有限，很难满足汽车生产的要求。”我们从中可以看出，这就是缺少另辟蹊径的战略思想的表现，他们不懂寻找新的方法去解决企业发展中遇到的难题，而这样的企业也不能获得长足的发展。

显而易见，那些对企业发展没有全局意识、在企业面临抉择时没有另辟蹊径的企业领导者是使企业利润流失的“罪魁祸首”。

因此，对于那些追求高效益与长久发展的民营企业管理者来说，如何对企业进行战略规划是其在发展过程中必须要肩负的使命。

2. 参与企业战略目标的规划和制定——激发高效率的制胜法宝

参与企业战略目标的规划和制定是激发高效率的制胜法宝。在企业发展的过程中，制定合理的战略目标事关企业的效率，也是企业能否长久发展的关键。

美国著名经济学家萨缪尔森认为，企业经营者为了激发员工创出高效率来，就必须让员工参与到企业战略目标的规划和制定中来。这样，员工的积极性就会被调动起来，也更能激发他们的内在潜质，从而创造出高效率。

总部位于日本横滨的日本JVC电子株式会社最早以生产留声机和黑胶唱片起家。如今，该公司已经在世界多个国家和地区设立了分厂，从事硬盘式摄录机和其他电子设备的生产。在其发展过程中，无论是公司管理层，还是普通员工，都能参与到对企业战略目标的规划和制定中去。这样一来，全员在这种高效率机制的带动下，也从侧面推动了公司发展壮大。当该会社社长在接受媒体采访，被问及该企业是如何获得如此迅猛的发展时，该社社长表示："让公司所有人都参与企业战略目标的规划和制定会给企业的发展带来高效率，同时也将企业发展推向新的高度。"

该社社长还举例说明了这一点：在企业管理员工的过程中，会充分尊重每一个员工的意见，每个星期都会通过发放卡片的方式向员工征集他们对企业发展所表达的建设性意见。在公司年度表彰大会上，还会宣读公司远期的发展目标和规划，并向公司全体成员公开征集实施这些目标的好办法。这样的举措一经推出后，公司上下反响强烈，纷纷为公司的发展出谋划策。这也让社长意识到，公司发展得好并不是一两个人的功劳，而是全员参与的结果。全员参与程度越高，公司发展越强劲，也能产生高效率。

由此可见，对于企业的发展，管理是个不可回避的问题，管理的好坏直接影响到企业前景的好坏。然而这只是企业长久发展的一个因素，另外一个因素是如何让企业所有人都参与到企业战略目标的规划和制定中去。如果一个企业能做到这些的话，企业所有人也必将为企业的高效率及企业的发展而不懈努力。

那么，应通过什么方式让企业全员参与到企业战略目标的规划和制定中去呢？

（1）企业要有明确的发展战略。

"成功的企业有不同的发展方法，失败的企业其失败的原因却惊人地相似——缺少明确的发展战略。"哈佛大学教授劳伦斯·萨默斯对那些缺少发展战略及规划的企业如此说道。我们可以从他的这句话中解读出这样的信息：任何企业都必须有明确的发展战略及规划，这是企业发展的前提，而缺少发展规划的企业犹如无头的苍蝇，只能到处乱飞，终因找不到方向而灭亡。

此外，劳伦斯·萨默斯还认为，在竞争越来越激烈的市场中，如果企业没有为自身的发展规划好战略目标。比如没有制定出一套符合市场生存的方法，对产品不及时更新换代，缺少对产品的把握与市场的准确定位。那么，这样的企业很快会落在竞争对手后面。

（2）企业管理者要设立全员参与企业战略目标规划和制定的机制。

事实上，现在许多的企业管理者都缺乏让全员参与企业战略目标规划的意识，而这类企业的发展战略往往是得不到有效实施的。

为此，劳伦斯·萨默斯建议：企业必须设立全员参与企业战略目标规划和制度的机制。比如：通过卡片征集意见的方式让全员参与其中；还可以定期将企业的发展规划告诉全员，让他们心理做好准备；并通过公开征集的方式向全员征集企业发展的良方妙计。通过这些方式可以最大限度地调动全员参与企业战略目标规划的热情，以便激发其工作的高效率。

（3）企业应将全员参与企业战略目标规划和制度机制常态化。

有些公司偶尔地会让全员参与到企业战略目标的制定中去，可好景并不长，没过多久企业战略目标似乎被蒸发一样，没有了下文。对此，全员自然也就失去了继续参与为企业出谋划策的机会。如此一来，企业会失去促进企业发展与产生高效率的外在动力，从而使企业的发展停滞不前。

由此可见，出现这种情况就说明企业经营者并没有深刻意识到全员参与企业战略目标制定的重要性，但为了企业长远发展出发，企业经营中必须予以重视，因此，企业要将全员参与机制常态化，决不能在战略目标的制定上半途而废。否则，企业此前获得的高效率很可能出现“回吐”，直接给企业发展带来不利影响。

我们可以从世界上那些成功企业的身上看到：他们无不是通过为企业制定明确的发展战略，并设立了全员参与企业战略目标规划和制定的机制，并将这个机制常态化，从而激发出全员参与的热情，进而给企业发展注入旺盛的生命力。

3. 孕育高效率很轻松
——企业应制定优秀的发展战略

北欧银行全球首席经济学家黑尔厄·彼得森曾经说过："企业管理者拥有的优秀发展战略可以孕育出高效率。"换言之，企业管理者在管理或经营企业过程中制定出的优秀发展战略可以为企业创造高效率。也可以说，企业创造高效率的关键是企业管理者有没有优秀的发展战略。

众所周知，高效率是很多企业在管理过程中的最终追求，因为高效率既可以增加企业各部门之间的有序衔接，也可以为企业创造出更多的价值。因此，很多企业都将高效率视为发展的关键要素。

比如，一些成功的企业在管理过程中会制定出一套完善的规章制度，不仅可以起到约束员工的作用，还可以在无形中提高员工的工作效率。在黑尔厄·彼得森看来，这并不是孕育高效率的最好方式。他认为，员工是在企业制定的规章制度下"被动"产生高效率，而不是主动的，这样，企业若想要员工源源不断地为其带来高效率，就必须不断制定新的规章制度来达到这个目的，很显然，任何企业都没有这样精力的，以至于使企业与员工都陷入被动的状态中。

想要摆脱这种被动的状态，就要变被动为主动，才是产生高效率最可靠的方法。那么，优秀的发展战略究竟具备怎样的特征呢?

（1）企业的发展战略必须是最优秀且能行之有效的。

虽然有些企业也有对未来发展的总体规划，但由于其战略规划不够优秀，所以在其发展过程中经常会遇到很多意想不到的难题。一般情况下，评判一个企业发展是否持久、是否能产生高效率，关键要看该企业的发展战略是否真正做到优秀。也就是说，该企业的发展战略必须是行之有效的。

美国一位企业管理大师曾这样评判企业发展战略是否优秀：“从全球众多成功企业来看，他们具有的显著特征就是具有优秀的企业品质——优秀的企业发展战略。而这种优秀是实实在在地表现在企业发展的方方面面。例如：企业不断从市场角度出发，不断总结出企业发展的优势与劣势，对优势进一步完善，对劣势加以改进；从消费者的实际需求出发，根据他们的要求来生产质优价廉的商品，从而有效拓宽市场。此外，具有优秀发展战略的企业能从国际视角出发，敏锐地关注着国际形势的变化，一旦有任何风吹草动，他们就会紧跟市场脉搏，积极地调整发展战略规划，从而博取到高效率。”

（2）企业的发展战略必须是深入人心的。

市场研究证明，企业发展不仅需要企业管理者的精心管理，更离不开员工的勤劳付出。而对于企业的发展战略而言，也是如此。企业的发展战略的制定和实施也不是企业管理者一个人的事，还需要考虑到企业各层员工的认可度。

一个企业有明确的发展战略并不意味着该企业就能获得高效率，因为要使企业产生高效率，还得保证发展战略深入人心。言外之意就是要得到企业成员的支持，如果企业的发展战略只是被企业少数管理者看好，而忽视了普通员工的意见，那么，这样的发展战略并不是优秀的发展战略，企业发展也很难一帆风顺。

也许有人对此持反对意见，他们认为企业的发展战略是否优秀与该发展战略是否深入人心没有太大的关系。但这样的观点很快就被美国企业家协会的一项实验研究推翻。

美国企业家协会进行了这样一项调查研究：从美国所有企业中挑选出50家，验证这些企业的发展战略是否深入人心，能否对企业的发展产生影响。在接下来的一段时间里，50家企业按照各自的企业发展战略发展。一年之后，当调查者再次对这些企业的发展状况进行调查时，其中竟有18家企业处于濒临破产困境，在与这些企业管理者的对话中，我们听到最多的一句就是“真后悔当初没有顾虑到公司其他员工的意见，否则公司也不会发展到如此狼狈不堪的地步”。

由此可见，任何企业的发展战略不可孤立存在，而要深入人心，这样才能保证企业产生高效率且获得长久发展。

（3）企业的发展战略要经得起考验。

在管理企业过程中，为了能产生高效率，企业必然会制定详细的发展战略，但发展战略是否经得起考验才是能否产生高效率的关键因素。

经得起考验的发展战略应该是在市场瞬息万变、机遇与风险并存的情况下，依然能从容地战胜风险，且长久地发展下去。在当下这个竞争激烈的市场环境下，一些企业虽然有详细的发展战略规划，但是一旦市场出现风险或危机时，这些企业便不知所措，甚至很快被风险或危机击败。

被誉为“现代企业管理之父”的彼得·德鲁克认为，任何企业都不能缺少对未来发展的总体战略规划，更重要的是，其战略规划能经受得起市场的考验，即它要具有与风险抗争的稳固性，这样才是优秀的企业发展战略。如果企业的发展战略不具有这样的特性，就不能称之为优秀的发展战略。

美国通用汽车公司之所以取得令世人艳羡的成就，与该企业制定的发展战略有着非常紧密的关系。在通用汽车公司，上到企业高管，下到一线生产员工，都知道企业的发展战略——通用公司所有人员都以追求高效率，齐心协力共同实现世界第一为目标。为了实现这一发展战略目标，该企业高管会定期对全体员工描述企业未来发展的蓝图，告诉员工发展战略的具体实施方案，当员工看到该战略规划确实可行时，他们便踊跃加入实施战略的规划中去。随着该战略规划被越来越多的员工认可与支持，产生的效率越来越多。

在一次企业发展论坛上，媒体多次问道通用汽车公司的高管一个问题——企业是如何提高效率。对此，该高管毫不掩饰地说：“企业提高效率关键在于制定一个优秀的发展战略，这一点是没有任何商量余地的。”

由此可见，企业顺利发展及企业高效率的产生必须以优秀的发展战略为前提。

4. 战略的选择——选的就是高效率的战略

著名的企业管理学教授沃伦·贝尼斯曾经说过：“在企业的管理过程中选择什么样的战略决定，就会产生什么样的效率。选择适合企业发展的战略，不仅有利于企业的发展前景，还能为企业带来高效率；如果企业管理者没有选择好战略，企业管理根本不会产生高效率。”

因此，战略的选择决定着企业的经营与管理。那么，什么样的战略能产生高效率并为企业的发展带来益处呢？

沃伦·贝尼斯认为，产生高效率的战略要满足这些条件：

（1）企业管理层要具备超前的管理意识。

企业的经营发展按照企业管理层的管理意识进行的，换言之，企业管理层的管理意识的好坏将影响到企业的发展前景。英国企业管理协会做了一项调查：他们在世界范围内随机抽取了不同规模和发展战略的公司进行观察，结果发现，企业的规模越大、资金实力越雄厚，其企业管理层的管理经验就越丰富，其管理意识也更为超前。相对地，那些规模不大、缺少资金的企业管理往往都是循规蹈矩的。

由此可见，这些企业在日常管理中存在着管理意识上的差别。比如，拥有超前管理意识的企业管理层不仅为企业的发展设立了符合企业发展的战略规划，并在其发展过程中不断总结经验，敏锐地洞察着国际形势，以便能及时调整战略部署。他们还有一个共性，那就是管理经验丰富且敢于不按常理出牌，思考方式超前等，这在无形中为企业产生高效率提供了先决条件。

而那些缺少超前意识的企业管理者，总是照本宣科地执行某种规章制度，从来不进行创新，这样的管理者无疑是不称职的，试想，企业在这种不称职管理者的管理下怎能产生高效率呢?

（2）发展战略本身应该具备产生高效率的潜质。

国际战略管理大师加里·哈默尔认为，企业设立的发展战略具有可塑性，即企业可以制定出优秀的发展战略。这就要求企业的发展战略必须要具有产生高效率的潜质，可以理解为，通过培养企业的潜质从而使其产生高效率。

发展潜质在现实生活中随处可见。拿一个运动员来说，如果他天生喜欢体育，身体素质也相当好，这样的人就有当运动员的潜质；如果一个人很少或对体育根本不感兴趣且身体素质很差，这样的人根本就不具备当运动员的潜质的。因此，对于那些没有潜质当运动员的人没有必要对其进行培养。

其实对于企业管理同样是用这个道理。当企业制定出一个发展战略后，首先要审视该战略是否具有产生高效率的潜质，如：发展战略是否可行？是否满足大多数员工的利益？是否能长期在市场中立足？如果答案是肯定的，就可以判定该发展战略具有产生高效率的潜质，否则就要调整发展战略，最终将其调整接近高效率的位置。

（3）企业的发展战略必须符合市场发展的规律。

企业的发展战略必须符合市场发展的规律。也就是说，企业发展必须要从市场的角度出发，并符合市场的发展规律。因为任何有悖于市场发展规律的企业都很难产生高效率，更不可能将企业自身的战略规划实施到最理想的状态。

在现代企业管理中，有些企业在管理过程中是没有头绪的，制定出的企业发展战略并没有从市场角度出发，而是将其孤立于市场之外。毫无疑问，这样的企业的发展战略是难以顺应市场的发展规律的。

随着全球经济一体化进程的进一步推进，任何想孤立于市场以外的企业要谋求发展的话，无异于封堵持续发展的道路，高效率对于他们而言相去甚远。

（4）企业全体成员齐心协力实施发展战略。

越来越多企业成功的管理经验表明，企业全体成员齐心协力实施战略发展，对于企业的发展意义重大。

当今的企业管理越来越注重团队的合作精神。因为好的团队合作精神可以为企业发展带来勃勃生机，从而让企业产生高效率；而缺少全体员工的齐心协力，企业根本不可能获得长久发展。

员工齐心协力去从事某一项工作时，会集中精力将工作做到极致，这样不仅提高了企业的管理水平，还提高了员工的工作效率。对于企业而言，这为企业制定发展战略提供了强有力的保证。

日本松下电器公司就是采用高效率战略而成功的典型。日本松下电器公司的创始人松下幸之助曾经说过：“企业发展靠的是长远的发展战略，而如何选择发展战略就成了最为重要的问题，虽然企业选择的发展战略各不相同，但可以肯定的是，选择那些能带来高效率的战略才是企业的生存之本，这样的战略才是实现企业崛起或扩张的推动力。”

我们可以从松下幸之助的这些话得出结论：企业管理的最核心问题就是发展战略问题，也可以引申为效率问题，而实现高效率的关键就是要正确选择企业的发展战略。

松下幸之助在管理企业时总是能从企业发展的全局角度出发，他在开创松下公司初期，就敏锐地意识到未来世界必将会迎来“家电需求大爆发”，为此他为松下公司的发展设立了长远的发展战略——进军全球家电市场。在接下来的企业管理中，他的大脑中反复重复着这个发展战略，并从全局的角度分析其是否符合市场发展的规律。他从调查中发现：随着日本民众收入的提高，他们对家用电器的需求也越来越高，因此公司必须满足民众的需求，为他们提供更多的电器产品，这样不仅为企业的发展带来效益，更顺应了市场的发展规律。

当松下电器公司的第一批电器投入到市场以后，很快便被抢购一空，于是松下加紧了对其他电器的研发。随着时间的推移，消费者对松下品牌的认识越来越深，松下品牌也获得了良好的口碑。为此，松下幸之助欣慰地说道：“从松下的发展势头可以看出，它具有非常高的发展潜力，如果能一直保持这样的发展势头的话，我猜想松下必将实现已设立好的发展战略。”

松下公司取得令世人瞩目的成就也验证了松下幸之助的猜想是正确的。很多人也许会认为，松下公司取得的成就仅仅与松下幸之助超前的意识和松下公司自身蕴含的发展潜力有关，其实还有一个因素——松下公司在管理员工的过程中实施的战略：全员齐心协力。

了解松下企业文化的人都清楚，每当松下在实施某一项新的战略规划时，都会将其告知给公司所有员工。在松下幸之助看来，这样做可以最大限度地调动员工创造高效率的积极性，当全员尽心尽力地从事某一项工作时，实施的战略目标就会离他们越来越近，同时公司的效率也会大大提升。

松下幸之助就是通过对战略的有效选择，才使松下陷入高效率的“包围圈”，久而久之，在“包围圈”中发展的松下公司便以强大、高效的形象呈现在世人面前了。

由此可见，任何企业在发展过程中都要制定一个能产生高效率的发展战略，并坚持到底。

5. 有效的管理方法——企业战略管理目标制定与实施的必要保障

在企业管理中，企业管理者要想使战略目标的制定与实施发挥出最大的效率，就必须掌握一定的管理方法，这些方法都是在企业战略管理实战中摸索出来的。

而那些成功的企业之所以能获得较高的效率，很大程度上是由于他们掌握了企业战略管理的技巧。因为从外部环境来看，企业可以利用的经营性资源总是有限的，如果两家企业在管理过程中采用了相同的经营管理方法，显然不容易为企业带来高效率与竞争优势。

因此，企业管理者在企业管理过程中必须细心观察，剖析内部和外部两方面的复杂因素，并从中找出致使企业盈利或亏损的决定性因素，及时调整发展战略，从而产生高效率。

成功的企业管理者经常会借助这样的方法：

（1）成功的企业管理者会对企业所处行业的结构进行分析，并明确市场定位。

①产品结构分析：有战略眼光的企业管理者能够预测市场上已经存在或未来可能出现的产品，并对其进行结构分析。这样做有利于企业整合资源，以便形成较强的竞争优势。此外，企业管理者针对企业的现状制定出生产产品的战略，并在企业需要新的拓展领域时，对相应的资源进行优化组合。

②分析客户的偏好及需求：企业管理者要有敏锐的洞察力，以便对客户的偏好和需求进行鉴别，这样才能及时把握市场的需求与竞争。为了有效识别客户的需求和偏好，企业管理者可以通过市场调查、服务跟踪等方式，及时掌握、积累和分析客户对产品的需求，并根据客户的群体特征对他们进行有针对性测试，以达到把握客户需求的目的。

③企业所处行业前景及盈利能力的分析：发展前景和盈利能力是所有企业管理者最关心的问题。企业除提高市场竞争力以外，还要从全局的角度出发，对企业所处的行业未来发展及盈利能力进行综合考量。可以肯定的是，实力再强的企业都可能因为行业前景黯淡而难以存活。行业前景是不断变化的，现在盈利并不能保证将来也一定盈利，因此，企业管理者分析行业前景的发展，有利于其及时调整企业的发展战略，不仅可以降低风险，还可以提高企业效率。

④对市场竞争程度的分析：任何企业在市场中都会面临竞争威胁，竞争对手会通过压低价格与利润的方式对同行业的企业进行压制，在激烈的市场竞争中，企业管理者要时刻保持清醒的头脑，并对该企业产品

所处的竞争现状进行分析，以便能及时调整发展战略。

（2）成功的企业管理者会对企业内部资源进行分析与评估，将优势资源发挥到极致。

①认真分析企业人力资源：企业发展离不了人才，发展战略都需要企业员工去落实，企业管理者和普通员工对经营战略是否认同，会影响到企业战略规划的实施效果。因此，企业要以人为本，对其具备人力资源进行认真分析，制定可行的人力资源计划，对员工进行必要的培训，从而激发出他们创造高效率的决心。

②认真分析企业的技术资源：技术资源是企业实现业绩增长的重要因素，也是企业实施经营战略强有力的支撑。在通常情况下，技术资源较丰富的企业可以顺利实施经营战略；而那些缺少技术资源的企业，往往不能将经营战略发挥到最高水平，所以很难产生高效率。因此，企业管理者要将技术资源与经营战略相比较，然后找出两者的差距，并围绕企业的经营战略提高其技术水平，发挥出其最大的功效。

③仔细倾听外界对企业的评价：企业的口碑是企业无形的资产，企业口碑的好坏能直接影响到企业的经营管理。口碑好的企业不仅能让企业的员工拥有一种荣誉感，让他们甘心情愿为企业带来高效率，还能赢得客户的信任。而那些口碑差的企业是很难赢得客户的信任的，企业也难以发展。对此，企业管理大师们建议，那些口碑不好的企业应该及时调整战略，可以考虑通过广告或公益活动的方式提升企业的形象，以获得良好的口碑，才是企业长远发展的良方妙计，也是企业产生高效率不可或缺的条件。

（3）成功的企业管理者应对竞争者进行分析，并制定相应的战略。

①了解并分析竞争者的经营情况：了解并分析竞争者的经营管理策略是为企业带来高效率的基本。企业管理者需要了解的情况主要有：目前竞争者的实力和盈余能力，如企业的规模、口碑和利润；在市场中的竞争力；产品质量和技术创新能力。这些都需要企业管理者认真地观察和分析。

②了解竞争者所采取的竞争策略：企业管理者要时刻留意竞争者所采取的竞争策略，做到对他们了如指掌，形成自身的战略的思想。比如，竞争对手是以什么样的产品占据市场的核心地位？通过什么样的方法为消费者提供细心周到的服务？等等。当把竞争者的竞争策略调查清楚后，企业管理者必须及时调整战略重心，才不至于远远落在竞争对手的后面。

6. 建立有效的组织结构——为战略的制定和实施铺平道路

“建立有效的组织结构可以为战略的制定和实施铺平道路。”这是哈佛大学风险管理大师伯恩斯坦多年来在对企业管理进行研究的过程中得出的结论。他认为，企业的组织机构在最大限度上反映了企业在管理过程中的管理方法及模式，是企业团队能否正常且健康发展的首要因素。合理的组织结构为企业管理者提供强有力的管理平台，同时也是保证团队产生高效率的关键。

在现代的企业管理中，一个有效率的组织结构具有协调能力强以及适应能力强的特点。最为重要的是，它能为企业战略的制定与实施铺平道路，为企业管理带来无限的活力，使企业发展得以持久。

在管理组织结构的过程中，企业应该遵循这样的方法：

（1）企业管理者要设定可行的目标与战略。

设定可行的目标对于企业而言具有十分重要的意义。因为一个可行的目标或战略可以为企业发展指明方向，是指引企业发展方向的重要依据。然而，企业设定的目标和战略一定要切合实际，例如，一家企业的年产量本来属于中型企业的生产能力，可该企业的管理者想“一口气吃成个胖子”非要按照超大型企业的生产能力制定战略目标。可想而知，这样的战略目标实施起来难度有多高。由此可见，企业管理者必须设定可行的目标，并让全体员工对目标实施的结果有明确的预期，能让他们看到目标实施后的结果，这样，企业制度的战略目标才能有效实现。

（2）企业管理者要做到分工明确。

企业管理者在管理企业的过程中应该做到分工明确。换言之，要做到人人有事做，各尽其长，既不能出现空缺的工作岗位，也不能出现被重复分配工作岗位的员工。

那些成功企业管理者惯用的管理方法是以岗定人。他们会根据工作岗位的数量合理有效地安排所需员工的人数，这样可以避免人员闲置，通过这样的方法不仅提高了管理的效率，还提高了员工的工作效率，以便让企业的战略目标实施得更顺利。

（3）企业管理者应进行统一部署，统一指挥。

在管理过程中为了提高生产效率，管理者必须在其带领的团队中形成一个权责明确、信息通畅、反应及时的指挥通道，让每个员工都能接收到同一个指挥命令。

因为在现代企业管理中，企业经常会出现越权指挥的情况，最终使上级下达的工作命令不能及时传达给下属，甚至同时接受到多个命令，致使下属混乱，最终降低了工作效率。

其实，任何管理者的精力都是有限的，不可能重复下达同样一个工作指令，因为这样会极大地降低工作效率，这是任何企业管理者都不愿意看到的结果。因此，企业管理者在下达工作指令时要做到统一部署，统一指挥，用最短的时间将工作指令下发给更多的员工，这样才是保证工作效率的关键。

（4）企业管理者要做到责任与权力的对等、统一。

伯恩斯坦认为，在有效的管理组织中，无论是企业中的管理层，还是企业中的普通员工，都必须要做到责任与权力的对等和统一，也可以理解为，责权的相互制约。

伯恩斯坦举例说道："在企业管理中，如果出现责任大于权力的情况，将导致责任很难实现；而有权无责则会使掌握权力的人出现滥用职权的现象，因此为了保证企业的总体战略能有效实施，企业管理者必须要做到责任与权力的对等和统一。"

对于企业而言，团队中每一个成员都有相对应的工作责任和权限，这样可以对其形成约束作用。在伯恩斯坦看来，责任是管理员工的依据，更是企业管理的核心，敢于承担责任的员工不仅反映了他们的良好的工作态度，还可以权衡出他们对整个团队所贡献的力量。因此，对于那些敢于承担责任的员工而言，企业管理者要及时给予与责任相当的权力，这不仅是对员工的肯定，同时也能最大限度上激发员工的工作积极性，提高其工作效率。

（5）企业管理者必须从源头上杜绝机构臃肿。

机构臃肿、人浮于事是一些企业在管理中普遍存在的问题，这极大地降低了企业整体的工作效率，直接导致企业在实施战略目标时出现停滞不前甚至半途而废的情况。因此，企业管理者必须认真对待此事，从源头上杜绝机构组织的臃肿，坚持精简效能的原则，对于那些可有可无的组织或部门及时进行调整，裁掉不符合企业发展的人员，并把能为企业带来高效率的人员及时安排到能激发他们工作潜力的部门，做到从源头上杜绝机构臃肿，最大限度产生高效率，从而使企业的战略发展得更加畅通无阻。

世界零售业巨头沃尔玛公司取得令世人瞩目的成就与其在企业管理过程中建立的有效的组织结构息息相关。

20世纪50年代，沃尔玛的创始人山姆·沃尔顿开设了第一家特价商店，经过几十年的发展后，沃尔玛发展的规模和速度令世人为之震撼。当世人用崇拜的目光向山姆·沃尔顿请教成功秘诀时，他笑着答道："沃尔玛取得如此高的成就，不仅与其总体战略规划有关，还与全员能持续的创造出高效率有关，而这一切都要归功于沃尔玛具有一个有效的组织机构。正是有了这个组织机构提供的发展平台，才为沃尔玛发展战略的制定与实施提供了坚实的保证，同时也为产生高效率铺平了道路。"

其实，从沃尔玛几十年的发展过程来看，该企业正是通过设定长期的战略目标；管理过程中的合理分工与统一指挥；以及不断对组织进行精简化的管理措施；筛选出最优秀的员工，并将这些员工进行合理分配。最终促使沃尔玛获得令世人瞩目的成就。

第九章 效率拼的就是细节：细节凝聚工作效率的高低

“效率源于细节，做企业除了拼创新力之外，拼的就是细节。”苹果创始人史蒂夫·乔布斯这样阐释自己对于细节的理解。细节是大家在日常工作中最容易忽略的东西，也是很多企业由强盛走向衰弱的重要的原因，因为遗漏细节的同时，企业的生产经营效率也会出现下滑。可以说，在当前这个竞争激烈的年代中，企业管理者要超越竞争对手，就必须处理好细节，充分从细节中挖掘出效率来——谁能够将效率从细节中“挤”出来，谁管理的企业就能成为一个高效率的企业。

1. 魔鬼在细节——做好细节赢得效率

“细节决定成败。”这句话很多企业管理者都很赞同，但是很多企业管理者却不知道效率往往藏身在细节之中。杰克·韦尔奇说过：“细节就如同魔鬼，它能够吞噬掉企业利润，也能够吞噬掉企业的效率，最终将整个企业都吞噬掉。”可以说，如果企业管理者在工作中不注意细节，将工作做不到位，那么就无法让企业获得足够高的效率。

中国精细化管理理论专家汪中求先生在《细节决定成败》一书中讲过这样一个寓言故事：“一群老鼠开会，讨论怎样应付猫的袭击。一只自认为聪明的老鼠提出，给猫的脖子上挂一个铃铛。这样，猫行走的时候，铃铛就会响，听到铃声的老鼠不就可以及时跑掉了吗？大家都公认为这是一个好主意。可是，由谁去给猫挂铃铛？怎样才能挂到猫的脖子上呢？这些细节问题却无从解决。于是，‘给猫挂铃铛’就成了鼠辈的一句空话，人类的笑谈。”

我们可以从这个寓言故事中看出：企业管理者如果不能解决企业中的细节问题，那么就不会将自己的企业打造成一个高效率的企业。

“魔鬼就存在于细节之中”，这是任何一个人都懂得的道理，但是却不是任何一个人都能够做到的事情。因此，企业管理者在日常管理工作中一定要注重细节，切不可因为细节没做好而使得企业效率下降。

DM日用化妆品连锁店的创始人叫做格茨·维尔纳，他从创业之初就非常注重企业的细节，用他的话来说就是：“你不注重细节，你企业的效率就会下降，这是细节对于你最大的惩罚。”

格茨·维尔纳在发展企业的过程中建立了一套注重细节的管理理念，但他的一些管理理念在常人看来却是一些特别“古怪”的行为。一次，当格茨·维尔纳走进一家DM分店的时候，他要求分店经理将扫帚拿给他。分店经理对于格茨·维尔纳的这一要求非常不解：老板要这扫帚干什么呀？

格茨·维尔纳接过分店经理递过来的扫帚之后说：“我觉得让灯光中的亮点照在地上起不到一点作用，为什么不让亮点照在货架上呢？”格茨·维尔纳一边说一边用扫帚拨上面的灯罩，让亮点全部照在货架上。

在人们看来，像摆灯这样的小事情，老板也亲自过问，这未免有点小题大做吧。可是就是因为这种对于细节问题的苛刻，使得DM一直都拥有不错的生产经营效率，企业的创利能力很高。现在的格茨·维尔纳已经拥有1370多家分店，20000多名员工，年销售额高达30多亿欧元，而他自己的个人财产更是高达十多亿欧元。

我们从格茨·维尔纳的例子中看到：抓住细节对于企业管理者来说具有很重要的作用，因为这不但能让企业管理者的决策执行到位，而且也能让企业在做好细节的过程中提炼出更多的效率，大大增加企业的利润。

20世纪80年代末期，福特汽车公司遭受到发展的困境，由于日系汽车公司的崛起，再加上通用等公司强力竞争，福特公司的市场份额一路下滑。

面对如此困境，福特汽车公司管理层并没有慌乱，而是冷静下来分析企业遭遇发展困境的真正原因。最后通过细致入微的调查分析发现，造成福特汽车公司的市场份额不断下降的真正原因就是：员工工作效率不高，产品在细节上处理不到位，导致产品竞争力不够。于是，福特汽车公司的管理者决定，从提升员工工作效率和提升生产产品细节上做起。

首先，福特企业公司对于全体员工，包括企业管理层都进行了一次大规模的培训，将精细的理念灌输到每个人的头脑中，而且组织了大规模的跟踪调查，对上万名消费者做了细致入微的问卷调查，让消费者提出产品的改进意见。最后，福特汽车公司开始对于当时卖得比较好的“金牛座”轿车进行改进。

1992年的时候，福特汽车公司推出新款的“金牛座”轿车。新式的“金牛座”轿车仿照竞争对手雪佛兰公司的Lumina牌轿车进行改进；方向盘采取和丰田公司的Accord系列轿车相类似的翻转式；汽车的尾灯则是以日产公司的Maxima牌轿车为模板进行改进的。结果新款的“金牛座”轿车一上市就受到了广大消费者的青睐，完美的设计与处理到极致的产品细节，成为消费者购买这款汽车的最大的驱动力。

我们可以从福特汽车公司的案例中看出：处理好细节，不但能够提升产品的质量，增加企业的效率，更能为企业带来巨大的发展力——凡事作于细，就能让企业超越竞争对手，实现跨越式发展。

企业管理者都是企业发展的决策者，他们重视细节、狠抓效率是提升企业竞争力的关键。更为重要的是，企业管理者作为企业组织中的最高决策者，他们对于整个企业的发展起着决定性的作用，虽然做好根本性的宏观决策工作是他们的本职，但是做不好细节工作将会使得宏观决策的效果大打折扣。所以说，企业管理者做好宏观决策的同时，更应该抓住细节，从而打造高效率的企业。

从现代管理学的角度出发，企业管理者狠抓细节应该从以下几个方面做起：

（1）企业管理者一定要明白宏观决策和细节之间的关系。

众所周知，宏观决策是企业发展的全局性构想，是一个大的、总揽全局的东西，而后者就是企业的各项发展指标的具体落实。因此，企业管理者一定要获取可靠的信息和把握企业的实际发展状况，在做出重大的战略性决策之后，还应该狠抓细节，将决策执行到位，只有踏踏实实地做好这两类工作，才能够充分地实现企业的战略目标。

（2）企业管理者一定要做好细节理念的灌输工作。

对于企业管理者而言，自己做好细节是不够的，是不会收到任何效果的，更不要说提升企业的效率。企业管理者就应该积极地向员工灌输做好细节的理念，让所有的员工都认识到细节的重要性，从而让员工注重细节，将工作做细、做到位。因此，对于企业管理者来说，将做好细节的理念灌输给员工就显得非常的重要。

（3）企业管理者一定要将对于细节的重视转移到日常工作的实际行动去。

对于企业管理者而言，做好细节一定要先从自己做起，树立重视细节的观念，凡事都要从大处着眼，从细节着手。在工作中，企业管理者对公司中的每一项工作进行规范化操作，设置较为细化的考评标准，使得每一项工作都紧扣细节，从而最大限度地提升企业的效率。

2. “挤”出效率——效率就是从细节中“挤”出来的

> 杰克·韦尔奇说：“效率是企业管理者不断地努力得来的，像挤出时间一样将效率从细节中挤出来，这是企业管理者提升企业效率的一个重要做法。”可以说，杰克·韦尔奇的这句话清楚地告诉每一个企业管理者——做企业一定要做好细节，将细节中的效率挤出来，就能够打造出一个高效率的企业。

1930年，丰田喜一郎成为丰田集团的第二代领导人，他一上任就掌管着拥有一万多名员工的大企业。不过当时的丰田集团主要从事纺织，并不是一家汽车生产企业。但是，具有战略眼光的丰田喜一郎认为，随着社会的快速发展，汽车行业将迎来巨大的发展，于是他组织成立了一个汽车研究制造部门。

在设立了汽车研究制造部门之后，丰田喜一郎立刻带着考察团前往美国考察。在美国，丰田喜一郎考察了通用汽车公司和福特汽车公司两家全美汽车业巨头。而在丰田喜一郎考察美国汽车企业的发展状况的时候，美国的汽车已经出现在了日本市场上。可以说，丰田的起步比美国人晚了很多，但是丰田喜一郎在考察通用汽车公司和福特汽车公司两大汽车企业之后，说了这样的一句话："美国的汽车企业已经有如此大的规模了，但是我不认为他们是无法超越的，我们可以学习他们的技术，造出像他们一样的汽车，但是他们却没有我们的精益求精的品质，他们是无法造出品质和我们一样的汽车来的。"

1933年，丰田喜一郎从美国购买了一台汽车发动机，丰田集团开始研究欧美的汽车技术。而在研究人员打开这台汽车发动机的时候，丰田喜一郎就告诉他们："找出美国人没有做到位的地方，我们从一开始就要从找这些细节入手，做精做细，生产出好的产品，要比西方汽车企业有着更高的效率。"可以说，就是这样一种精益求精的精神，使得丰田汽车从一开始就非常注重产品的细节。结果丰田汽车一上市就受到了消费者的青睐。1940年的时候，丰田汽车的产量已经达到15000多辆。更为重要的是，丰田集团由于从一开始就狠抓产品细节，这让员工在生产的过程中养成了重视细节的好习惯，因此在狠抓细节的过程中不但没有让劳动效率降下来，还使得劳动效率大大提升，从而为丰田集团成为世界顶级汽车企业奠定了基础，也给整个日本汽车行业带来了深远的影响。实际上，现在很多人购买日系车，就是看中日系车精益求精的品质。

我们可以从丰田集团的案例中看出：企业管理者注重细节，在日常管理生产中狠抓细节，不但能为企业的发展带来了巨大的推动作用，而且还能让企业拥有更高的生产效率，从而让企业实现快速扩张的目标。

著名企业管理专家汪中求先生在《细节决定成败》一书中说："做好细节的关键就是把小事做细，把细事做透。"诚然，对于每一位企业管理者来说，就应该去注意小事情、关注好细节，从而挤出效率。这在任何一个企业管理者看来都不是一件难事，但是真正做到却是不容易的。那么，他们该如何去做才能够从细节中挤出效率来呢？

（1）企业管理者遵守二八法则之时，既要做好最重要的事情，更要耐心地做好大量的细节性工作。

所谓的"二八法则"，就是对于任何一个企业管理者来说，他们和任何一个普通人一样，每一天所做的工作中有20%都是最为重要的事情，而剩下80%都属于不太重要或细节性的工作。所以这就要求企业管理者每一天在做好那20%的重要工作之后，千万不要懈怠，更不能总是交给下属做，因为很多的细节性工作并不适合下属去完成。比如说，你要给重要的客户打个电话，问候对方一声，这件事情如果让下属去代劳的话，可能就会让客户觉得你架子大，而对你产生不好的印象。如此可见，对于企业管理者而言，在遵守二八法则之时，既要做好最重要的事情，又要耐心做好大量的细节性工作，只有这样才能从细节中挤出效率来。

（2）仔细分析自己的工作方式，改掉不良习惯，以最合理的方式去工作，从而提升工作效率。

我们经常可以看到这样一种现象：一个企业管理者从早上到晚上睡觉之前，一直都在忙个不停，就像总有做不完的事情。其实他们并不是真的很忙，而是因为自己有很多的不良工作习惯，导致自己将简单的工作复杂化，从而迫使自己的工作效率下滑，使得自己总是忙个不停。比如说，有很多的企业管理者总是喜欢一边喝咖啡一边看文件，这样看起来似乎不会影响工作，喝咖啡仅仅是工作中的一个小细节，可是就是这样一个小细节使得企业管理者的工作效率无形中出现下滑，据美国科学家乔纳西·费甘的研究指出，人在工作的时候喝咖啡虽然有助集中注意力，但是却会使血压升高，一杯200ml的咖啡就能让人的血压升高，而且持续时间长达12个小时。所以，对于那些有高血压的企业管理者来说，就是喝咖啡这样的一个小细节没有做好，而导致自己的工作效率下滑。

改掉工作中的坏习惯对于任何一个企业管理者来说，都是必须做的一件事情。所谓“金无足赤，人无完人”，几乎每一个企业管理者在工作中或多或少都有一些不良习惯，而这些不良习惯就是导致他们做不好细节的一个关键性因素。所以，对于企业管理者来说，就应该分析自己的工作方式，改掉不良习惯，以最简洁的方式去做，从而提升工作效率。

（3）企业管理者应该经常深入第一线，将紧扣细节的理念传授给每一位员工。

对于企业管理者而言，自己有了“从细节中抠出效率”的理念之后，还应该将这种理念传递给企业中的每一位员工，因为仅仅依靠企业管理者一个人去做的话是根本不行的，只有全体员工都行动起来，都积极地做好细节，那么企业的效率才有可能得到大幅度的提升。

一般来说，由于普通员工工作在第一线，距离企业管理者较远，如果企业管理者总是依靠中层管理者和基层管理者传达“从细节中抠出效率”的理念，这样就使得一线员工对于这一理念的重视程度不够。这就需要企业管理者经常深入一线，积极地向一线员工宣传这一理念，让所有的员工都跟着自己行动起来，这样就能培养员工做好细节的好习惯，从而提升企业的生产效率。

3. 执行细节是关键——效率源于坚定不移地执行

对于企业管理者来说，不论多么好的决策，如果执行不到位，那么一切都是空谈。同样，做好细节工作，从细节中挖掘出效率来，然后坚定不移地去执行才是理智的。迈克尔·波特教授说过："做好细节的关键就是执行到位，执行不到位就不会产生效率。"可以说，作为企业灵魂人物的企业管理者就必须去努力督促，将细节执行到位，踏踏实实地去做好所有工作，才能够让企业产生更高的效率。

贝聿铭是享誉全球的建筑大师，他的一生设计了无数杰出的作品，尤其以香港的中航大厦最为出名。不过，在众多杰出的作品中，还有一个贝聿铭自认为非常失败的建筑——北京香山饭店。据说在北京香山饭店竣工之后，贝聿铭根本就没有去现场看过。这又是为什么呢？

在设计北京香山饭店的时候，贝聿铭带着助手亲自对于每一条水流的方向、水流的大小和水道的弯曲程度都做了精确的测量，而且就连每一块石头的体积大小、重量也做了测量，甚至还规定了什么样的石头叠放在什么位置最合适。而且，就是连饭店中摆放的鲜花的类型也做了规定。什么地方该摆放多少鲜花、该摆放什么鲜花，随着天气和季节的变化对于花色的调整都是颇具匠心的，这些都一一标注在图纸上。可以说，贝聿铭对于细节的要求已经到了苛刻的程度。

虽然贝聿铭对于设计施工的要求很高，但是承建的中方公司却没有贝聿铭这么严格，在他们看来，一条流水、一块石头、一盆鲜花又能够起到多大的作用？所以，负责承建的中方公司根本没有按照图纸上的设计来做，贝聿铭苦心标注出来的“细节”都被中方承建公司的漫不经心给磨灭了。结果建筑大师通过细节所体现出来的独到之处也都没有了——中方公司随意地改变了水流的方向和宽窄，放置石头的时候也不按照设计图来，花盆的摆放更是随意，结果破坏了作品的完整性。

我们可以从上面这个案例看出：北京香山饭店的建造失败并不是贝聿铭的错误，而是中方承建公司在施工的过程中忽视细节，没有将贝聿铭的设计执行到位。但事实上，执行细节才是关键，才能够将完美的设计彻底地体现出来。

将细节执行到位是任何一个企业管理者都应该重视的问题——细节执行得不好，不仅仅影响工作结果，而且还会对工作效率产生不利影响。

洛克菲勒在创业之前曾在一家公司担任记账员。洛克菲勒刚到这家公司的时候，其财务问题非常的严重，几个记账员的工作效率也非常低下，经常出现这个月过去了，上个月的账目却还没有结算出来的情况，因此公司的账目总是出问题。

洛克菲勒刚到公司之时，还以为是这几个记账员不够认真，做事太过拖沓所导致的。上完一个礼拜的班之后，洛克菲勒才惊奇地发现，这几个记账员实际上都非常的努力，每天几乎加班加点地干活。那么，既然他们如此努力地工作，工作效率为什么还是那么低呢？

在经过一段时间的观察之后，洛克菲勒终于找出了问题的根本原因——他们的工作效率之所以十分低下，就是因为他们对很多细节的执行不到位。比如说，一个记账员在结算的时候动不动就将小数点后面几位数字给省略了，结果一对账就对不上，最后只好重新计算一遍，这样就使得工作效率大大降低。

找到了问题的症结之后，洛克菲勒立刻提出了自己的改进意见——记账员应将细节执行到位，绝不能忽视任何一个不起眼的数字。经过洛克菲勒的提议，公司的财务问题得到了很大的改善，账目再也没有出现过大的问题。而这件事情也给了洛克菲勒深刻的启示：如果工作中的细节执行不到位，就会引发工作效率下滑。所以，在他此后的创业历程中，他一直都非常重视细节是否执行到位的问题，而且总是提醒员工切莫因细节做不到位而引发企业效率的下滑。正因为如此，洛克菲勒推行的“从细节中挖掘出更多的效率”这一管理理念，让他的标准石油公司发展为当时世界上最大的石油公司，而他因此也被誉为“石油大王”。

我们可以从洛克菲勒的案例中看出：提升效率就是做好企业的关键，而从细节中挖掘出效率又是保证效率的关键。如果洛克菲勒在发展标准石油公司的过程当中，不注意细节，不注意提升企业的效率，那么他能够成为享誉世界的石油大王吗？

4. 态度决定细节，细节决定效率

美国著名经济学家安东尼·罗宾曾经说过："态度决定了一切，要想获得成功就必须有着正确的态度。"正如安东尼·罗宾所说的那样，一个人对待事情的态度决定其在工作中所持有的态度，而工作态度又折射出其工作成就的高低。因此，对于一个企业管理者而言，员工们拥有什么样的态度，就决定了他们能不能将工作中的细节做好，能不能从细节中挖掘出效率来。

美国著名电视节目主持人沃尔特·克朗凯特在很小的时候就对于新闻产生了浓厚的兴趣，在他十四岁那年，他就成为学校《校园新闻》中的一名小记者。

休斯敦市的佛雷德·波尼先生是当地一家日报社的资深新闻编辑，他每周都会应邀前往沃尔特·克朗凯特的学校为同学们上一节有趣的新闻课，同时指导《校园新闻》的编辑工作。一次，佛雷德·波尼先生给沃尔特·克朗凯特安排了一个任务——让他去采访刚刚获得州田径冠军的田径队教练卡普。

沃尔特·克朗凯特在接到这个采访任务之后，并没有多做一些采访的准备工作，而是像往常一样做了简单的准备，就带上采访资料出发了。实际上，沃尔特·克朗凯特之所以这样不重视这次采访，就是因为他的态度不正确——“这就是一次简单的采访，我之前采访过很多的名人了。”

当沃尔特·克朗凯特和卡普在约定的地方见面时，他们的谈话一开始就显得很没劲。沃尔特·克朗凯特的问题总是问不到点上，而卡普也显得不愿意配合。但为了能采访到更多的内容，沃尔特·克朗凯特一直不停地发问，最终这次采访花了足足三个小时才完成。

第二天，当沃尔特·克朗凯特将新闻稿件交给佛雷德·波尼先生之后，佛雷德·波尼先生对他怒吼道：“你采访了足足三个小时，就获得了这些狗屎一样的信息吗？几乎没有太多内容是读者所关心的！”

待佛雷德·波尔先生气消之后，他才询问沃尔特·克朗凯特原因。一开始，沃尔特·克朗凯特并没有说是因为自己态度不正确才导致采访失败的。可是，他架不住佛雷德·波尔先生的再三追问，最后还是说出了真实原因。

然而，令沃尔特·克朗凯特吃惊的是，佛雷德·波尼先生并没有骂他，而是告诉他：“孩子，做任何事情都要有正确的态度，作为一个热爱新闻事业的人，我们更应该端正态度，在采访的时候要把握采访对象的一举一动，不放过任何一个细节，因为这些细节能让我们找到被采访的对象愿意说什么，让采访变得高效，这种做法才能让我们在采访名人的时候做到短时间内出有价值的新闻，因为名人的时间通常都很紧张。”

自从这件事情之后，沃尔特·克朗凯特一直很注意把握采访中的细节，尽可能地提升采访效率。而他的这一做法也让他在真正进入新闻领域之后取得了巨大的成功，他的采访总能做到面面俱到，能够为受众提供足够多的信息。

我们可以从沃尔特·克朗凯特的经历中看出：工作时候拥有正确的态度是我们处理好细节的一个重要因素，既能够让我们获得好的工作成果，也能够提升我们的工作效率，把工作做到更完美。

对于一个企业管理者而言，以正确的态度来处理细节，是让自己的管理工作产生更多效益的关键因素。但是，让企业中的成员拥有正确的态度去做好细节，并不是一件简单的事情。下面我们就来看看，企业管理者怎样才能让自己在处理细节之时保持正确的态度？

（1）企业管理者可以把简单的事情做到不简单，把平凡的事情做到不平凡。

许多的企业管理者都认为很多事情都可以让下属代为完成，自己根本就不想着去做。更为重要的是，他们从来都没有“把简单的事情做到不简单，把平凡的事情做到不平凡”的想法，细节在他们的眼中根本没有重要性可言。正因为如此，他们总是在细节上吃亏，企业的效率总是提升不上去。

实际上，企业管理者也是企业中的一员，虽然他们处于企业的最高层，但是他们却不能够代表整个企业——他们只是企业这个组织中的一部分，所以他们也需要像那些坚守在普通岗位上的员工一样，努力地去做好每一项工作，让自己在任何一个工作环节中都保持足够的耐心，一丝不苟地将工作做到位，才能让自己从细节中挖掘出更多的效率来，提升自己的工作效率的同时，也尽可能地提升企业的整体效率。由此可知，企业管理者要想做好细节，从细节中挖掘出更多的效率来，就必须有“把简单的事情做到不简单，把平凡的事情做到不平凡”的思想。

（2）做每一件事情都要有全力以赴的态度，只要倾尽全力做好细节，将效率从细节中提炼出来。

对于企业管理者而言，在工作中没有全力以赴的态度，就不能做好细节——细节中的效率从来都属于那些对工作全力以赴、倾尽全力的人。

哈佛大学商学院教授迈克尔·波特说过：“工作就是由一个接一个的细节串联起来，其中的任何一个细节没有做好，就会使得整个工作受到影响。所以，工作时一定不能随便松懈，要全力做好每一个细节，这样才能够让自己的付出有所回报。”

然而，很多的企业管理者在工作中却总是抱有侥幸心理，认为忽略一个小细节不可能会对企业造成很大的影响。可是，由于他们处在企业组织的最顶端，他们往往忽略了一些不起眼的小细节，结果给整个企业组织带来了不利影响。比如说，著名的巴林银行就毁于一个交易员——因为该银行监管不够细心，新加坡分行期货与期权交易部门的经理里森为了掩盖自己的失败交易，建立了一个“88888”账户，而这个交易员却将所有的亏损都计入这个没人监管的账户，最后使得巴林银行在账户上亏损了14亿美元，直接导致巴林银行破产。

此外，企业管理者在做工作的时候要全力以赴，但要理清工作思路，将每一项工作的流程都标注清楚，然后自己再按照优先排序去做，最后才能让每一项工作彻底落实到位，从而将细节中的效率提炼出来。

（3）正确的态度源于深刻而正确的认识，只有清楚地认识到细节的重要性，才能做好细节，从细节中挖掘出效率来。

杰克·韦尔奇说过：“任何一件事情的成功都是基于深刻而正确的认识，如果没有深刻而正确地认识，那么人们就不会重视自己将要做的事情，这很有可能导致失败。所以，企业管理者在做出决策的时候，一定要有深刻而正确的认识。”杰克·韦尔奇的话清楚地揭示出深刻而正确地认识一件事情的重要性。同样，企业管理者在做好细节的时候，一定要深刻地认识到细节的重要性，能够意识到做不好细节就会对企业产生重要的不利影响，进而以严格的态度去处理好细节，从细节中挖掘出效率来。

5. 走精细化发展之路——效率来自于精细化生产

随着当前社会的迅猛发展，企业在市场上所面临的竞争也越来越激烈，因此对于很多的企业管理者来说，如何提升企业的生产经营效率就成为赢得竞争的关键。那么，企业管理者该如何去提升企业的效率呢？答案就是走精细化发展的道路。

> 任何一个企业管理者都应该明白，21世纪就是一个微利时代，当空前激烈的竞争将利润压缩到最小的时候，当资源越来越昂贵的时候，如果还有企业坚持采用粗放式发展模式，那么这类企业必将陷入生存的困境。所以，面临当前这个微利时代，企业就必须转型，坚持走精细化发展的道路，以精细化管理模式来提升企业的生产经营效率，从而让企业拥有强大的竞争力，最终实现快速发展的目标。

现代企业实施精细化管理的模式，最早出现在日本的企业当中。在

20世纪50年代，日本经济开始崛起，由于日本的国内资源有限，因此日本企业家们都一致提倡精细化生产。最终，精细化生产模式为日本企业带来了广阔的市场——高效的管理生产方式，精工细作的产品品质，让日本企业成功进入国际市场，最终出现了像东芝、索尼、丰田、日产等世界知名企业，而日本企业生产出的产品也被消费者视为高品质产品的代表。

1946年，盛田昭夫创立的“东京通信工业株式会社”在东京正式挂牌成立，这一会社也就是索尼公司最早的雏形。在企业建立之后，盛田昭夫就要求企业实施精细化管理——在生产经营的过程当中狠抓细节，尽可能地提升产品的品质和生产的效率。

众所周知，盛田昭夫是一个意志力非常坚定的人，他在为索尼指定了精细化管理模式之后，就严格要求企业中的每一位员工努力去执行。1966年的时候，索尼公司的业绩开始出现下滑，究其原因就是企业效率下滑引起的，而造成这一切的根本原因就是企业因为发展过快，在精细化管理中出现了很多的工作做不到位的现象，而且员工们的积极性相较之前普遍有所下降，更为重要的是，效率的下滑还导致索尼公司的研发能力下滑。

为了提升的企业的效率，将精细化管理做到位，盛田昭夫和井深大一起带着研发人员进行攻关，同时出台了新的管理制度，对于那些将工作做不到位的员工给予重罚。可以说，盛田昭夫所采取的这一系列的措施都是非常有效的，员工的积极性得到很大的提升，工作做不到位的现象也大大减少了。1967年的时候，盛田昭夫和井深大带领研发团队研发出 “Trinitron”映像管技术。在掌握这一先进技术之后，索尼公司开始生产高品质的彩色电视机。此后，索尼公司生产的彩色电视机一直是市场上质量最好的产品之一，而这也给索尼公司带来了巨大的利润，到1970年的时候，索尼公司就已经成为亚洲最知名的企业之一。

我们可以从索尼公司的案例中看出：精细化管理并不是一件困难的事情，只要企业管理者能够严格地去执行，以坚定不移的态度将精细化管理模式移植到企业当中，就能让企业走上精细化道路，打造出高效率、高利润的企业来。

实际上，当前很多企业受困于细节做不好所带来的困扰中，一个很重要的原因就是企业管理者在实施精细化管理的过程中没有做到严格要求、认真落实——他们往往总是嘴上说着要实施精细化管理，可在工作的时候却总是满足于“差不多”，工作总是做得很粗糙，最终使得企业的产品质量变差，生产的效率也不够高。因此，著名精细化管理专家汪中求先生说：“在工作中，没有一件事情小到不值得去做，也没有一个细节细到应该被忽略。”

企业以走精细化道路提升效率的方式对于任何一个企业来说都不是难题——企业要完成“精细化”转型，只需要遵循以下几个方法：

（1）企业要走精细化发展道路，就必须先从企业文化上做文章，企业管理者只有先培育出精细化发展的企业文化，才能够让企业成为一个真正的走精细化道路的企业。

企业的管理模式都是以企业文化为基础的，因此采用精细化发展模式的企业就必须先建立精细化发展的企业文化。

企业建立精细化发展的企业文化，即将“小事做细、细事做透”的理念灌输到每一个员工的大脑中，让他们在工作中养成一种好习惯——任何一件事情都必须做精做细，并且在做精做细的同时总结经验，不断地提升企业的生产效率，从而实现精细化管理。

此外，企业管理者精细化的发展理念移植到企业中后，让员工意识到：只要自己将工作中的每一个细节做好，保证产品质量，提升工作效率，就能为企业带来更多的利润，同时也让自己的收益大大增加。当员工有了这样的一种意识之后，企业中就会形成一个良性的循环系统——员工在工作中越“精”越“细”，企业获得利润就越高，进而员工的收益也就越高。由此可见，企业要走精细化发展道路，就必须先从企业文化入手，企业管理者只有培育出精细化发展的企业文化，才能让企业成为一个真正的走精细化道路的企业。

（2）企业要实现向精细化生产转型，企业管理者就必须有足够的勇气改变原来的企业制度，只有从制度上作出改变，才能够保证企业成功转型。

对于任何一个企业而言，制度都是企业的根本。如果企业管理者在企业转型之际，没有决心完全改变之前的制度，只是做一些细微的调整，那么这种转型注定不会收到很好的效果。企业管理者应该有勇于开拓的精神，制定出新的企业制度，从而实现企业向精细化生产方向转型的目的。

此外，企业制度能够为企业转型提供足够多的保障力，让企业顺利实现转型。所以说，企业要实现向精细化生产转型，企业管理者就必须下很大决心改变原来的企业制度，只有从制度上作出改变，才能够保证企业成功转型。

（3）企业管理者在引导企业向精细化方向转型的时候，企业管理者必须提升自己的能力，只有自身能力能够保证企业转型成功，才能让企业成功转型。

企业管理者在实施精细化管理的时候，千万不要忽视了自己——企业管理者也是企业中的重要一员，他们的能力高低决定着企业转型的成败。所以，企业管理者一定要积极地提升自己的知识和技能，才有足够的水平来促进企业的发展，从而实现企业的顺利转型。

10 第十章 对效率进行考核：绩效催生高效率

“企业的发展需要效率，更需要对效率进行考核，考核的好坏直接影响到企业的产生的效率。”这句话是世界著名效率管理大师哈林顿·埃默森说的，现在已经被越来越多的企业作为催生企业高效率的座右铭。

在哈林顿·埃默森看来，企业如果没有考核效率就不会催生高效率。但是，也有一些企业管理者对此表示怀疑，他们在企业管理中确实没有执行效率考核，然而没过多久便在经营管理上出现了严重问题。为此，他们才相信企业制定效率考核方案是企业管理的首要任务，企业要想产生高效率，必须执行并改进效率考核方案，不仅如此，企业管理者还要对效率考核的效果进行评估和管理。在合理、有效的考核激励制度的带动下，企业的每一位员工都能提升工作效率，最终催生高效率。

1. 制定效率考核方案——企业管理的根本问题

制定效率考核方案是企业管理的根本问题。在企业管理中，效率考核与绩效考核有着非常重要的意义，可以直观地反映出企业管理者或普通员工的工作表现。效率考核作为企业管理的一项重要工作，在企业管理过程中的作用已经越来越明显。美国经理人战略协会研究表明，由于效率考核在企业中的效果非常明显，所以其已经成为推动企业产生高效率与高利润的强劲推动力，使越来越多的企业意识到效率考核的重要性。

欧洲首席管理大师莱恩哈德·斯普伦格认为，效率考核是企业管理中一种关于工作效率的评估机制，通过科学系统的方法来测量企业员工在工作中的表现，它是企业管理者有效对员工进行管理的重要方法，也是提高企业整体工作效率的有效方法。因此，对于企业管理者而言，企业制度效率考核方案势在必行。

在莱恩哈德·斯普伦格看来，企业管理者要想确保员工的效率考核发挥出最大的效果，首先就需要从企业的实际情况出发，科学合理地制定出考核方案，确保考核方案具有以下这样的特征：

（1）效率考核要具有目的性。

在企业管理中，考核最基本的目的就是将企业发展规划传递给管理者和普通员工，并转化为对他们工作表现的一种考核。在考核过程中，企业管理者可以借助于薪金、福利、培训机会等方法引导和鼓励员工来达成工作目标。

在实际管理过程中，企业对员工的考核可能会体现在方方面面。由此，在制定考核指标时，要有针对性和目的性。比如，如果企业只是片面地将员工每个月的销售额作为考核指标，而忽视了对客户的服务指标，这很可能出现员工为了达成企业设立的月销售额而进行强买强卖的情况，甚至为了提高业绩而故意夸大产品的功效，最终使企业的口碑受到影响，业绩也随之下降。由此可见，在制定员工考核方案时，要有目的性。

（2）效率考核要具有直观性。

企业对员工考核时，尽可能采用直观性的数据，也就是说能让员工一眼看懂的数据，这样可以有效避免因为员工理解上的偏差而延误工作进度情况。

企业管理者给员工分配工作任务时，如果仅仅是将工作量用很多数字来表述，而没有直观地将具体任务告诉员工，员工很可能会一头雾水，甚至会被数字误导，从而没能及时完成企业设立的目标；但如果企业管理者将月度考核用直观的方式告诉给员工时，让员工一眼便能看懂，这样，员工很快便去完成任务，甚至能提前完成。因此，效率考核是否具有直观性对提高工作效率非常重要。

（3）效率考核要遵循公平、公正、公开原则。

企业要想产生高效率，必须遵循“三公原则”，即公平、公正、公开。换言之，对企业的每名员工的考核机制应该是相同的，决不能出现徇私舞弊的情况。这就是公平；对公正而言：在企业中不搞特权主义，每名员工都是企业不可或缺的一员，因此在进行考核时要从公正的角度出发，并充分尊重每名员工的意愿；企业进行效率考核时，非常有必要将考核的计划和所要达成的目标向全体员工宣布，这样既促使员工向着同一个方向而努力，还能提高员工的工作效率。

（4）效率考核要具有可操作性。

可操作性是影响企业效率考核实施不容忽视的一个因素。可操作性强的效率考核才有助于员工顺利完成目标，提高工作效率；可操作性低的效率考核不仅实施起来有难度，也不利于员工提高工作效率。

企业对销售额的追求一直没有间断过，假设一个规模小、员工少的企业在制定效率考核目标时，如果其制定的效率考核计划不符合实际，那么，员工在实施过程中肯定难以达到目标，这样无形中降低了效率；而如果企业能根据自身的发展现状制定一些具有可操作性的考核方案时，员工在实施起来就会十分轻松，从而给企业带来高效率。

美国福特汽车公司的管理机制在汽车行业中一直被人们奉为学习的典范，其中很大一部分与其制定的效率考核方案密不可分。从福特汽车公司近些年快速发展的情况来看，制定效率考核方案不仅为其赢得了汽车市场占有率，还最大限度地提高了工作效率，在双重因素的影响下，福特公司在汽车领域取得了如此骄人的战绩。

福特汽车公司的管理制度规定，管理者每隔一个月便会针对公司全体员工进行一次效率考核，考核他们在一个月内的工作情况。接受考核的员工每人都会领到一张效率考核表，在这张表上将近一个月从事工作的内容、时间及遇到问题时的解决方法全部详细地记录下来。紧接着，对照福特汽车公司的企业发展观，描述出自身在工作中存在哪些强项和弱项，对于强项如何继续保持，而弱项又如何改进等。通过这样详尽的考核，福特公司的员工不断在工作中创造出高效率。

其实，从福特汽车公司的经营理念中就凸显了福特是个懂得制定效率考核方案的企业。在该企业董事长比尔·福特看来，企业的持续发展必须要通过对员工的效率考核才能得以实施，他时刻向员工传递效率考核的理念，久而久之，员工在效率考核的带动下实现了工作上的高效率。

由此可见，那些在某一领域取得令人瞩目成就的企业，他们中的大多数都是制定和实施效率考核的最大受益者，因为他们通过对员工进行的效率考核，促使员工提高了工作效率，还给企业发展注入活力。因此，企业必须结合自身的发展现状为员工制定一套科学合理的效率考核方案，才有利于企业产生高效率。

2. 执行效率考核方案——企业产生高效率的源动力

企业在制定效率考核方案后，接下来的工作就是执行该方案。如果效率考核方案没有执行到位的话，就不能为企业带来高效率。

在企业管理中，年度、季度甚至是月度考核随处可见，可在实际执行的过程中，经常会出现执行不到位的情况。也就是说，虽然企业制定了效率考核方案，但却不能有效执行，不仅使企业管理者与员工间的沟通成为障碍，还直接降低了企业的管理效率和经营效率等。

现代企业制度的奠基人斯特·巴纳德认为，企业预先制定好的效率考核方案应给员工设定好工作任务，包括每名员工具体负责哪些工作、在工作中应该遵守哪些规章制度、工作应当达到什么样的效果、员工应当具备哪些工作技能等，这些都需要员工认真去执行，才能使其工作得以提升效率，如若不然，企业提前制定好的考核方案就只是一张“空头支票”而无法兑换。

为此，他认为企业管理者要将效率考核方案执行到位，必须从以下这些方面入手：

（1）确定好需要考核的人。

众所周知，企业的效率考核的对象都是企业的成员。参与考核的人包括企业领导、普通员工等。因此要执行效率考核方案就要先确定好这些被考核的人。

因为在企业管理中，无论是企业的管理层，还是企业的普通员工，都是促成企业高效率不可或缺的力量。只不过双方在企业中扮演的角色不同而已。即便如此，双方都要参与效率考核。

然而，有些企业，往往只注重对普通员工的考核，而很少甚至不会对管理者进行考核。

在斯特·巴纳德看来，企业要想产生高效率就必须对企业全体人员进行考核，无论其身份多么特殊。

（2）明确考核人员的职责和考核方法。

当企业确定好需要考核的人员后，接下来就要明确考核人员的具体考核内容和考核方法。对于普通员工的考核，常见的方法有：

①员工自我总结考核法：由企业管理者向员工发放个人考核表，然后员工结合自己的工作职责描述未来一段时期内他将带来的工作业绩。员工在总结工作时一定要具体明细，不能含含糊糊，这样员工才能对自己的总结加深印象。

②领导直接面谈考核法：企业管理者根据企业制定出的效应考核方案采取与员工面谈的一种方式。在面谈过程中，企业管理者可以通过

向员工发问的方式对其进行考核，比如："你清楚公司制度的考核方案吗？"、"对于这个考核方案，你有什么改进意见吗？"、"你将如何实施公司给你设定的考核目标？"……通过这样的方式，企业管理者不仅能了解到员工对考核方案的意见，还能加深员工对考核方案的了解，使员工知道考核方案的最终目标，以便他们合理分配自己的时间，按时完成考核任务。

③全方位意见反馈法：上级对下级的考核是企业管理中最为常用的一种方法，但上级的精力毕竟有限，不可能完全做到对员工的全面考核。为此，企业管理者就要借助这一考核方法。简单来说，这种方法就是向部门其他管理人员或与员工中同级别的人员，参考他们在日常工作中对被考核员工的评价意见得出考核的一种方法。因为这种考核方式是以多人的意见为依据，因此它可以全方位地对被考核员工进行考核。这样的方法会使被考核员工更加努力地实现考核目标，从而为企业带来高效率。

对于企业管理层来说，同样也需要考核。企业管理者可以借鉴以下的方法：

①建立对企业管理层业绩考核的奖惩及监督机制。美国微软公司总裁曾经说过："企业发展需要对员工进行效率考核，促使他们为企业创造出更多的财富，但对企业管理者的考核同样不能忽视，因为对其进行的考核同样决定着企业能否获得高效率。"

的确如此，微软公司取得令人瞩目的成就，与其建立对企业管理层业绩考核的监督机制和奖惩机制有关。

在微软公司的管理体制中，建立了一套对高管等业绩考核的机制，如果谁完成不了考核目标，那么谁的薪金福利等都会受到影响。不仅如此，微软的普通员工还可以对高管是否能如期完成考核目标进行监督，如果有些高管没有按时完成考核目标或者存在故意隐瞒的情况，这些高管就要承受严厉的处罚。

②由企业的特殊部门对管理层进行考核。比尔·盖茨曾经说过：“企业产生高效率需要全员的共同努力，任何人都不能搞特权。”他认为，自己虽然身为微软公司的总裁，但自己的业绩同样也要进行考核。为此，比尔·盖茨在微软设立了一个专门针对包括他自己在内等数名高管的业绩考核部门——管理层业绩考核小组。该考核小组是个有特权的部门，可以对微软公司任何一名高管进行业绩考核，如果有人没能按期完成规定的考核任务，等待他们的将会是降级处罚。

当人们问及比尔·盖茨微软公司是如何迅速崛起并稳坐世界软件的头把交椅时，比尔·盖茨毫不掩饰地说道：“微软稳坐世界软件的头把交椅与微软全体员工认真执行公司效率考核方案有关，正是在这一考核方案的指引下，包括我在内的全体员工都能认真履行考核方案，最终使微软持续不断地产生高效率，企业自然得到快速发展。”

由此可见，那些想在发展过程中保持高增长、高效率的企业，不妨借鉴微软管理企业的经验——执行效率考核方案，才是将企业带入发展“高速路”，并产生高效率的源动力。

3. 改进绩效考核：让每一个人都提升效率

被世人称为“日本经营之神”的本田宗一郎曾经说过：“任何企业的发展，都离不开企业每名员工参与绩效考核，这也与他们工作的高效率有着非常紧密的关系，因此，绩效考核越来越受企业管理者的关注。可在企业实际管理中，相当多的企业在绩效考核时普遍存在一些问题，这些问题直接影响到企业的发展，并阻碍了企业产生高效率。”

本田宗一郎认为，任何一家企业都有必要适时对企业自身的绩效考核进行改进，以确保绩效考核能发挥出最大的功效，这样是使企业每一名员工提升效率的有效方法。

> 从现代企业管理理论来看，绩效考核是一个全员参与、改进和控制的过程。绩效考核的实质是企业管理者与员工建立的一种持续、动态、双向的沟通机制，以提高团队或个人的工作效率，从而实现员工与企业的共同发展。

运用现代企业管理理论可以将绩效考核流程分为：计划阶段、实施过程、结果运用和评估效果。

计划阶段：企业要为每名员工设立明确的岗位职责，设置好具体的工作目标和工作计划，并确立好绩效考核的评估标准。

实施过程：主要包括对考核人员和被考核人员实施绩效考核的过程。比如：考核人员通过激励、指导、沟通的方式对被考核人员工作目标的实现进行跟踪、指导，直至被考核人员完成工作目标。

结果运用：结果运用就是企业管理者通过对被考核人完成工作目标的情况进行的奖惩措施。

评估效果：被考核人员的工作目标完成的具体情况，以及在实施目标过程中遇到的问题。

企业的绩效考核一定要紧紧围绕企业发展的实际情况，才能为企业带来实实在在的利益。企业要想实现有效的考核，不仅要建立良好的绩效考核培训机制和给员工的沟通平台，还要对企业制定的绩效考核进行改进。那么，改进的方法有哪些呢？

（1）做好计划。

做好计划是企业进行绩效考核的第一步，也可以看成是绩效考核的基础。企业提前做好绩效考核的计划，可以让员工理解企业的经营策略，帮助员工找到工作目标，让他们顺着企业的经营策略不断创造高效率。比如：明确具体的职责，为员工设置工作目标，制定未来工作计划，确定绩效评估标准等。

①明确具体职责是企业对员工实施绩效考核最基本的一步，因为所有目标和计划的实施都是以它为基准的。如果企业没有给员工规定明确

具体的工作职责，企业肯定会混乱不堪，更无绩效考核可言。

②企业为员工设置的工作目标包括企业为员工设置工作目标以及制定未来的工作计划。目标的制定要以员工实际能力为参考标准，能力强的员工可以设置更多的工作目标，能力稍逊的员工要适当做出调整，以便做到各尽其责。

③绩效评估标准是企业管理者与员工通过沟通而达成的，也就是说，如果员工在实施目标计划的过程中出现了错误，管理者要及时予以批评指正，促使员工最大限度地为创高效率而努力。

（2）执行到位。

企业绩效考核最终能否发挥其创造高效率的功效要看其是否能执行到位。的确如此，企业如果没有对绩效考核是否执行到位给予足够关注的话，考核最终的结果往往差强人意。

从国际上一些成功企业管理的经验来看，他们都将执行力作为改进绩效考核的关键因素，其执行力越高，改进绩效考核的效果就越明显，反之，绩效考核很难得到改进，甚至还会出现一定程度的退步。

为了提高员工的工作效率，企业管理者在对其进行绩效考核的同时，应建立阶段性的实施报告，这样才利于管理者实时监控或指导员工执行工作目标。如果在监控中发现员工有问题，可以及时纠正和指导。

（3）评估检查。

企业管理者要根据绩效考核中制定的考核目标和标准，对员工所反馈的数据进行分析和处理，以便检查员工完成工作的具体情况。检查也可以理解为评估结果，并从结果中对绩效考核的完成情况进行评比等。

如果员工提前完成绩效考核中规定的工作目标时，企业管理者要予以肯定，并有所记录；如果员工没能按时完成工作计划，并且在工作中没能获得高效率，企业管理者就要帮助其找出原因，一旦找出原因，企业管理者和员工就必须对绩效考核的方案进行改进，以便提高工作效率。

（4）有效落实。

英国著名企业家本杰明·西伯姆·朗特里曾经说过：“只有员工落实企业制定的绩效考核方案，才能使考核方案得以运用，否则一切都是空谈。”

他认为，只有效率考核方案得以有效落实，才能为改进绩效考核奠定良好的基础。

一些企业管理者可能会抱怨：企业虽然制定了绩效考核方案，可员工完成的效果却很不理想，经常出现不能有效落实的情况。

事实上，出现这种情况是很普遍的。在本杰明·西伯姆·朗特里看来，企业管理者可以将成功的经验用最简单的方式对员工传达，告诉他们在落实考核时只要“依葫芦画瓢”即可。其次，企业管理者应该将考核结果与奖惩直接挂钩，谁能有效落实考核方案，谁就能得到奖励，反之，就要受到处罚，这样才能使考核体系更具有说服力，也更有利于绩效考核的落实。

本杰明·西伯姆·朗特里在英国乃至世界都享有盛名。不仅因为他独创了一套企业管理制度，还因为他在企业经营管理中制定了一套让员工不断提高工作效率的绩效考核方案，这个方案至今还被多家企业当作提高员工工作效率的宝典。

本杰明·西伯姆·朗特里从自身经营管理企业的经验告诉企业管理

者们，企业要想获得长足发展，必须不断对企业自身的绩效考核进行改进，并充分发掘出每个员工的力量。

在绩效考核改进的过程中，企业管理者要做好周密的部署与规划，严格要求全体员工认真执行新的考核方案，并实时对改进效果进行评估，如果发现改进效果不明显或与预期的目标相距甚远的情况，必须立即进行整改，并找出原因。企业管理者就是在这种不断执行与改进的过程中，才能积累丰富的管理经验。正是这种从实际管理中总结出的管理经验和改进措施，才推动了企业的发展，并为企业带来持续不断的高效率。

由此可见，绩效考核是企业发展的必不可少的环节，更需要企业管理者认真学习。在国际市场竞争越来越严峻之时，如何让企业发展与时俱进成为摆在企业管理者面前的头等大事，毫无疑问，那些在企业发展中没有改进绩效考核的管理者是不称职的，因为他们不可能带领员工创造出高效率。

4. 效率考核效果的好坏：让每一个员工的效率都得以提升

效率考核的效果如何是企业管理者最关心的问题，也属于企业管理中难度较大的问题。因为它不仅关系到员工的薪酬和职位，而且还作为企业制定薪金报酬的依据。在现代企业管理中，由于工作效率日益受到重视，企业管理者也愈发重视对员工效率考核的评估。欧美很多企业采取的一些效率考核评论方法都很值得我们借鉴。这些方法最后大致可以归纳为：

（1）依表评估：企业管理者可以将工作质量、工作计划完成情况、工作目标完成的具体时间等众多因素，分为不同的等级。

如优秀、良好、差等，将这些不同的等级与员工的工作表现相对比，最后对员工的工作表现进行总体评估。

（2）对偶排列评估：这种方法就是强制性地对评估者进行排列。

具体做法是，在众多被评估人当中选出工作表现最好和最坏的两人，然后继续重复这样的方法，直至将全部被评估人排序完毕。

其实，美国一些航空公司经常用这样的方法对员工的工作效率进行考核评估。每当对员工进行考核时，公司管理者会从被考核员工中选择出工作表现最为突出和最不努力的，随后再对其他被考核人员进行这样的评估，一般情况下，评估最终的结果会产生两种不同类型的员工——优秀员工和非优秀员工。

（3）效率对比法：当企业评估出两种不同的员工后，再对其进行对比。

对比的内容可以涉及很多方面，例如，工作能力、工作方法……具体的做法是，找出优秀员工和非优秀员工的工作能力及工作方法的差异。经过对比后，得知优秀员工的工作能力非常突出，他们善于总结工作经验，并在工作中不断创造出高效率，从而赢得优秀员工的称号；而非优秀员工大多不认真总结工作经验，工作对于他们来说可能是一种负担，这样的员工更不可能给企业带来高效率。

当找到优秀员工和非优秀员工的区别后，企业管理者可以将优秀员工的工作方法进行汇总，并予以公布，以便让越来越多的员工学习他们在工作中创造高效率的方法，从而带动更多员工成为企业的优秀员工。

（4）最终目标评估法：最终目标评估法是很多企业经常用到的对考核效果进行评估的一种评估方法。

简单来说，就是企业管理者给员工确定好工作目标，到了规定时间员工主动向领导汇报工作目标的完成情况的一种评估方法。一般情况下，企业对员工效率考核期限可以是一个月、三个月、半年或一年，期限到了以后，企业管理者就知道员工在效率考核中的最终成绩。而员工最终完成的目标越多，为企业带来高效率的几率也就越高。

衡量企业管理者是否称职的关键就要看他对总体目标的贡献程度。很难想象，一个对总体目标贡献很少的企业管理者能给企业发展带来高效率。

IBM公司的一位负责人表示："IBM公司对员工实行最终目标评估法，首先就是要明确每名员工的具体工作任务，其次就是为每名员工设立好工作目标。"的确如此，无论是初来IBM的新员工，还是工作多年的老员工，IBM都会以具体的形式将权限下放给企业中的每名员工，让员工在自我控制下进行工作，IBM再按照最终取得的成绩对员工进行评估，进而激发员工努力工作与产生高效率的积极性。

具体而言，IBM公司实行的最终目标评估法可分为：制定目标、向员工发放权限、评价成果三个阶段。

① 制定工作目标。IBM在制定目标时，首先会将员工的目标看成是企业发展目标体系中的一部分，为此，员工目标实现的好坏直接影响到企业整体目标实现的好坏。

为了能让员工为企业带来高效率，IBM会给每个研发团队或组织制定具体的工作目标，比如为研发部门制定研发新产品的工作目标。不仅如此，IBM还将工作目标具体落实到个人。为了更详尽说明这一过程，IBM的一位常务董事曾表示："在企业制定目标时要将目标具体落实到每一个人，这样实施起来才更具高效性。"

②向员工发放权限。IBM在实施目标管理的过程中，会尽最大可能

地对员工放权，让其在实施工作目标的过程中有更多自由发挥的空间，而员工在执行工作计划时，一方面要以企业总体工作计划为准绳，另一方面要根据自己的工作经验行使企业对其下放的权限，努力完成工作计划。

③评价成果。IBM公司是这样进行成果评价的：用定量的方式记录员工每一次完成的实际工作成绩；下属会把上级分配的工作任务记录在小册子上，并提交给上级查看；上级通过下属提交的工作记录对下属进行指导与帮助。

此外，IBM公司还会对员工进行问卷式评估，比如："你对公司了解吗？""你真正了解你的工作岗位和职责吗？""对于工作，你有哪些改进意见呢？""你有信心完成公司交给你的工作任务吗？"

通过对员工的这些效率考核评估，IBM的管理者可以摸清员工在实施工作目标中所遇到的问题，并针对每个员工的不同情况对他们进行指导，最终使每个员工的工作效率都得以提升。

5. 效率考核管理：企业管理层决策的重要依据

> 如果企业逐渐走向规范化管理道路，且需要进一步提高工作效率，那么必须做好效率考核管理工作，这才是提高企业工作效率及企业管理层进行决策的重要依据。

在现代企业管理中，每个企业都会与效率考核打交道。然而，很多不确定因素影响着企业有效进行效率考核，又加之企业管理者（考核者）的情感因素使效率考核始终难以达到令人满意的效果。在这种情况下，企业就需要在效率考核方面大做文章，也就是要加强对效率考核的管理。

企业的效率考核管理是根据员工与管理者之间达成的协议，也就是通过工作目标来实施双向式的沟通过程。该协议（工作目标）规定了员工的工作职责和工作目标，还明确了员工实施工作目标的策略方法等，员工在实施工作计划的过程中，通过与管理者进行有效沟通，找出影响效率的障碍，并作出解决方案。

在企业管理中，有些管理者认为效率考核与效率考核管理是相同的。其实不然，效率考核是工作效率的结果，而效率考核管理则是工作前计划、工作中管理以及工作后考核的过程。显而易见，效率考核只是效率考核管理中的一个环节而已。一般情况下，效率考核管理包含很多方面，例如，对工作效率的计划、与员工的沟通、工作中进行的效率考核和评价、员工薪酬的管理、人事决策与管理等，而效率考核只是其中的一个方面。那么，企业管理者究竟该如何进行效率考核管理呢？

（1）对工作目标和工作效率做到心中有数。

工作目标和工作效率是企业进行效率考核管理的第一步。企业管理者首先对员工的工作能力和个人意愿进行分析，然后根据员工的反馈为他们制定工作目标和计划，明确他们在计划期内的工作内容、工作要求、工作意义以及工作的完成时间等。当企业管理者和员工对工作目标和工作效率都做到心中有数时，才能为效率考核管理提供良好的保障。

（2）持续有效的沟通必不可少。

众所周知，在企业管理中，企业管理者与员工之间的有效沟通能为企业带来高效率。有效的沟通是企业管理者与员工之间追踪进展情况、找到影响工作效率的原因以及及时传达工作指令的过程。

很多成功的企业在管理中都会建立一个能畅所欲言的沟通平台。基于此，无论是公司管理者，还是普通员工，相互都可以有效地进行沟通，在这种有效沟通的带动下，员工的工作效率也获得很大的提升。

由此可见，企业管理者必须用心与员工沟通，关心员工的切身利益。企业管理者建立起这种有效沟通机制本身也有助于企业获得更多的效率和财富。因为有效的沟通能保证企业管理者与员工都为了共同的工作目标而努力，及时改进工作中出现的问题，并在不断改进的过程中增加彼此间的互信，以便最大限度地提高效率。

（3）对效率考核进行客观、公正的评价。

企业管理者对员工进行的效率考核必须是客观、公正的。这也是当今许多大企业推行的主要效率考核机制。如日本东芝公司在对员工效率考核进行管理时，就会从客观、公正的角度对其进行评价。

东芝公司规定，所有部门管理人员对员工的工作考核都不能掺杂个人情感，一切考核都要以客观、公正为准则，企业管理者一旦发现考核人员对员工的考核没遵循这一准则的情况，就会对考核人员进行问责。

东芝的一位产品经理每月都会对其所管的员工进行效率考核。由于其中有一名被考核的员工与该经理此前在工作中有过言语冲突，使产品经理怀恨在心。因此，在考核的过程中，这名员工原本已超额完成当月销量，但却被告知“没有按时完成工作计划”，令这名员工疑惑的是，明明已经完成了工作计划，但产品经理给出的评价却是“未完成”。为此，这名员工向上级主管部门的领导反映，并且拿出了该月具体的销量情况，经上级领导核实后，确认该名产品经理并没有客观、公正地对员工的效率考核进行评价，于是上级领导对其进行了问责，并撤销其产品经理的职务。

东芝公司的一位高管曾表示：“对员工进行的效率考核必须要实事

求是，从客观、公正的角度出发，任何违背这个原则的人或部门，都要受到严厉处罚。因为，客观、公正地对员工进行考核才能使效率考核管理效果更明显。”

（4）效率诊断与指导。

如果企业管理者发现员工工作的效率低下，就要及时找出原因。美国企业家协会的研究表明，员工在工作中出现效率低下可能由以下这些因素造成的：

①员工的个人因素：员工对工作的热情不够高、不愿意勤奋努力地工作，或者对企业文化认知度不高等。出现这些情况，企业管理者可以采用面谈的方式与员工进行沟通。在找到员工自身因素导致效率低下的原因后，企业管理者要尽快帮助其解决问题，这样才不会影响员工的工作效率。

②组织、团队或系统因素：在企业管理中，如果出现工作流程不合理、官僚主义作风严重，都可能影响到效率考核的效果。为此，企业管理者先要对组织、团队或系统进行诊断，如果诊断出企业里确实存在导致员工效率低下的因素，企业管理者要及时进行纠正并排除障碍，给员工提供良好的发展空间。

（5）加强薪酬管理。

企业进行效率考核管理时，非常有必要加强薪酬管理。美国著名企业家迈克尔·彭博曾表示，薪酬管理是企业效率考核管理中的一项专业水平较高的管理领域，不仅要求企业管理者具备全面的人力资源管理的知识，而且还需要企业薪酬管理人员具有敏锐的成本控制意识，以及能根据企业员工的工作效率制定不同的薪酬方案。此外，在企业薪酬管理的过程中，企业管理者与员工间的沟通至关重要，其目的不仅使企业管理者能根据企业所处的发展环境和业务需求制定出符合企业发展的薪酬制度，还能激励员工，激发他们持续为企业发展创造高效率。

事实上，有些企业并没有将员工的收入、工作效率及业绩考核联系在一起，还有一些企业虽然制定了与员工工作效率挂钩的薪酬制度，但在实施过程中却总是随意修改，致使薪酬制定长时间不能落实下来。这样一来，也就不能对员工起到激励作用，更谈不上推动员工的工作计划了。因此，企业必须加强薪酬管理，通过制定并实行薪酬管理的方式对那些在工作中表现突出的员工进行奖励，才能最大限度地提升员工的工作效率与潜能。

我们可以参考诺基亚公司对员工进行的严格的效率考核管理步骤来激发员工提高工作效率的积极性——为员工设定工作计划及效率考核标准；定期与员工进行沟通，及时指正他们在工作中出现的问题；实时监测员工的工作效率；建立完善的薪酬制度和奖惩制度。

实施这些步骤后，诺基亚公司的效率考核管理最终达到的目标是：让员工加深了诺基亚公司的企业文化认识；培养和激发出员工的效率理念；员工自发地为企业创造出高效率。

对于人们想进一步了解诺基亚的效率考核管理方式，该公司的一位负责人解释说："诺基亚公司非常重视效率考核管理，因为效率考核能成为企业管理层制定决策的重要依据。在诺基亚的发展中，企业依靠体制、环境、员工理想和感情等条件吸引人才，并挽留住员工。在日常对员工的管理中，诺基亚首先会对员工的工作计划作出明确的界定，让他们明确自己的工作以及如何做好工作。公司对不同工作表现的员工实行不同的奖惩措施，让员工体会到在工作中带来高效率就一定有高回报。而在工作环境方面，公司倡导开放和平等的工作气氛，重视企业管理者与普通员工做到相互信任和理解。公司还会根据员工自身的发展意愿对其提供培训和深造的机会，这使得员工更愿意融入公司，甚至不想离开诺基亚。”

这种效率考核管理自然是最理想的状态，诺基亚正是凭借如此先进的效率考核管理方法，才充分发掘员工的工作潜力和工作效率，更重要的是，这也是提高企业管理者管理水平的有效方法。

6. 完善绩效激励制度——催生高效率的重要措施

世界企业管理大师彼得·圣吉曾经说过："企业的管理追根到底是对人员的管理，也就是要做到以人为本。"企业要做到以人为本，必须采取有效的对员工进行激励的措施，以便调动他们工作的积极性、主动性及创造性。因此，激励制度是企业管理中一项不可或缺的机制，企业的绩效考核激励制度完善与否直接关系到企业能否催生高效率。

> 在现代企业管理中，科学、合理的考核激励制度能激发员工的工作积极性——通过满足员工的需求，激发出他们的工作热情，将其内在的潜力充分发掘出来，直接给企业创造出高效率。

在彼得·圣吉看来，企业要建立科学、合理的考核激励制度，一定要做到以下几点：

（1）企业管理者要有考核激励的意识。

也就是说，管理者必须首先有考核激励的意识，才能为进一步完善激励制度做好基础。如果一个企业管理者没有完善绩效考核激励制度的意识，就不能激发员工工作的积极性，更不可能帮助企业获得高效率。

当下，激励制定已成为影响企业发展、员工创造高效率的重要因素。比如，在工作中，员工的工作热情非常高，还提前完成了工作计划，但在向领导汇报工作时，却没有得到领导哪怕一丝的赞美和激励，那么这名员工肯定会有挫败感，从而打击其工作的积极性。对此，那些有激励员工意识的管理者会这样做：当员工完成工作计划后，他们会给予员工一定的精神鼓励，对员工说“干得不错！”、“加油，目标离你越来越近了……”之类的话。通过这样的激励不仅使员工获得被尊重的感觉，而且还提高了员工的工作积极性，促使他们在后续工作中继续为企业创造高效率。

（2）企业管理者要制定具体的激励机制。

如果企业管理者光有完善激励制定的意识，而不将此付诸行动，同样不能产生高效率。对于这些企业管理者而言，虽然他们的头脑中有各种思想和理论，但他们缺少实现这些想法的行动，最终目标只能与他们擦肩而过。同理，在企业管理中，如果企业管理者没有制定出具体的激励机制，比如，对员工超额完成工作任务有哪些奖励、员工的建议被企业采纳应得到哪些物质方面的奖励、工作中有特殊才能或对工作认真负责的人应得到哪些福利等。这些都需要企业管理者明确地在制度中规定出来，这样，员工才会更加认同企业制定出的激励机制，也更倾心于为企业创造效率。

我们从美国企业家协会对美国多家企业进行的调查中得知，那些能够迅速跻身于世界500强的企业无不是因为其管理者所制定的激励机制强于其他企业。如：按时完成工作任务会得到奖励、为企业发展提出建设性意见的员工将被企业重用等，这些企业通过具体详细的激励机制来激励员工的工作积极性，从而为企业创造更多的效率。

（3）企业管理者要将其制定的绩效考核激励机制落实到位。

企业管理者制定出考核激励机制以后必须认真落实。然而，总有一些企业不能将激励措施落实到位。具体来说，虽然这些企业制定了详细的激励措施，但是当员工在工作中达到奖励标准时，他们却以种种理由拒绝给予员工奖励，这让员工的心理极度失落，从而大大降低了他们工作的积极性。不仅如此，企业在员工心目中的诚信度也会大打折扣，严重影响了企业未来发展的道路。

吉列公司之所以占据世界剃须刀市场的半壁江山，在一定程度上与其施行的激励措施有关。早期的吉列公司并没有得到市场的认可，曾一度出现连续几个月卖不出一盒剃须刀片的情况，为此，吉列公司创始人绞尽脑汁，经过长时间考量以后，吉列创始人决定采取对员工进行激励的措施来提高他们销售剃须刀的积极性。于是，该创始人向所有员工宣布了一项激励措施——“能成功将剃须刀片销往市场的员工将被提拔为公司的部门经理，公司还为其提供一套住房。”该激励措施公布后，得到员工的强烈响应，在接下来的销售刀片的过程中，员工们在激励措施的推动下，为吉列公司的发展做出了不可磨灭的贡献。

（4）企业管理者要不断改进对激励措施。

企业不仅要将激励措施落实到位还要不断改进激励措施，这样才能为提高员工工作效率提供保障。如果企业管理者不对激励措施进行改进，激励措施赶不上企业发展的速度以及员工的需求。

成功的企业非常重视对激励措施的后续改进工作，因为他们意识到，如果不对激励措施进行改进，肯定会影响员工的工作积极性，从而不能为企业创造高效率。

在企业管理中，他们会根据企业的发展和员工工作的努力情况及时对激励措施进行改进。比如，当企业整体的销售额提高时，为了让企业的规模能进一步扩大，这些企业的管理者就会提高员工的奖励，以激励员工的工作热情。通过对激励措施的不断改进，员工的工作热情也被极大的调动起来，因此才能保证企业的迅速发展。

以上这些是企业完善考核激励制度必不可少的因素。必须从各方面来完善考核激励制度，从而为企业创造更多效率。

11 第十一章 创新的本质就是提升工作效率：创新催生效率

世界知名变革专家诺尔·迪奇认为，企业管理者发展企业时，需要时刻进行反思，并在反思中进行创新，没有创新元素的企业犹如干枯的沙漠，缺少活力更缺少催生效率的源泉。

其实，从现代企业的管理中来看，那些能在某个领域取得令人瞩目成绩的企业大都是通过建立创新机制，并将创新意识运用在企业发展的方方面面才取得如此大的成就的。从他们成功的经验中可以看出，创新的最终目的就是产生高效率，企业通过创新不仅可以培养出企业管理者高效的思维，还可以激发出员工的巨大潜能。

也许那些思想保守的企业管理者并没有深刻意识到创新的重要性，他们在企业管理中不愿意进行技术革新与产品创新，然而，随着时间的推移，企业发展的动力已经明显不足，同时出现了订单大幅下滑、人才流失等情况，最终企业被管理者墨守成规的旧思想毁掉。这些企业失败的惨痛经历，让其他企业更深刻地意识到创新的重要性，以便企业在发展中能真正做到创新。

 1. 创新的目的就是获得高效率

国际著名企业管理大师亨利·明茨伯格认为，企业的发展是否顺利与持久，很大程度上取决于其自身能否做到创新。那些发展速度快、生存能力强的企业都是通过创新来获取高效率的；而那些缺少市场竞争力、发展空间有限的企业很多都是因为其管理者缺乏创新意识所致。由此可见，创新的目标就是获得高效率。

索尼公司就非常注重对全员创新精神的培养。当有新员工加入索尼公司时，该公司的人力总监就会对他们说道："欢迎你们加入索尼公司，但需要提醒你们的是，创新意识才是在索尼公司生存下去的唯一方法，任何人缺少创新意识，将会被无情地淘汰。"

事实上，在索尼公司的实际发展中，确实也体现出其追求创新的精神。从索尼公司成功研发出硬盘式摄像机以来，其销量便一直领先。因为硬盘式摄像机与早期卡带式摄像机相比，硬盘式摄像机具有体积小巧、存储空间大、拍摄清晰度高等优点。

索尼公司之所以能研发出硬盘式摄像机，与其注重培养员工的创新意识息息相关。索尼公司产品制造科科长经常对员工说："你们要生存就要创新，没有创新，一切都是空谈。"员工在此话的激励和影响下，将创新的精神带到每一项工作中。

在索尼公司最早研发摄像机时，其研发人员在使用传统卡带式后得出感受，认为卡带式摄像机除了携带不方便以外，在录制时间方面也不尽如人意。于是研发人员对这两方面进行创新与改进。通过研发，研发人员意识到，如果将计算机硬盘技术运用到摄像机领域的话，应该能有效解决这些问题。为此，所有研发人员认真起草将硬盘技术运用到摄像机领域的计划方案，方案完成后，经过会议表决的方式来选拔，全体研发人员都对该计划方案很有兴趣，乐于研发创新型产品——硬盘式摄像机。

在全体研发人员的共同努力下，存储空间大、录制时间长的硬盘式摄像机终于诞生，这次成功直接给索尼公司带来高额收益，并抢先占领硬盘摄像机市场。

其实很多时候，企业持续发展就是不断创新的过程。随着市场的竞争严峻，如果企业不注重创新，就会被远远落后于对手。比如，同样是两家服装公司，一家企业的管理者会派人到海外学习最新的服装设计理念，此外，为了能将服装销往更多的国家和地区，该企业还会结合不同国家的风俗习惯，设计出别具一格的服装，如此一来，这一家企业必定能得到长足发展。而另外一家企业的管理者因缺乏创新意识，所以在服装设计中墨守成规，丝毫不对服装款式进行创新与改进，久而久之，该企业生产的服装便会逐渐失去市场，甚至倒闭。

基于创新对企业产生高效率的重要性，亨利·明茨伯格建议企业管理者时刻要进行创新，具体做法是：将创新理念植入企业经营文化中。

企业是否具有创新理念，很大程度上取决于该企业是否能将创新理念植入到企业经营文化中。也就是说，企业要向员工传达创新理念，并让员工认同这种创新理念。让他们认识到创新才是企业发展的根本，只有创新才能为企业带来高效率。

现如今，很多成功的企业都将创新理念植入到企业经营文化中，如松下公司。

松下公司的员工大多这样评价其公司的创新理念："从我们进入松下公司的第一天起，部门经理就会给我们培训企业的经营文化，也就是创新优先看。每周星期五公司还会召开员工大会，会上由公司董事长再次向员工强调创新对于企业发展的重要性。不仅如此，公司还会将创新理念写在生产车间及工厂的任何角落，久而久之，我们意识到创新理念是松下公司的一种经营文化，可想而知，我们的意识中有了这种经营文化，我们的工作效率怎能不提升？"

由此可见，企业管理者将创新精神作为企业发展不可或缺的因素看待，就能改变其无法产生高效率的现状，因此，企业管理者必须要将创新作为一项重要的工作来抓，这样才能提升企业效率。

 2. 高效思维：开创新思路，突破旧思想

毫无疑问，企业都渴望拥有高效率，但很多企业都不能如愿，这究竟是为什么呢？对此，哈佛大学商学院资深副院长高登·唐诺森认为，企业要拥有高效率，就需要企业管理者具有高效思维，也就是要求他们具备开创新思路、突破旧思想的精神。

> 在高登·唐诺森看来，企业管理者要开创新思路，首先就要有创新的强烈意识，而突破旧思想就要求企业管理者能摒弃影响企业产生高效率的各种因素。企业管理者通过有效运用这些思维方式，来提高企业的效率。

那么，如何培养企业管理者的高效思维呢？

（1）企业管理者必须接触更多的新事物，从中找出新思路。

合格的企业管理者应该是一个懂得广泛接触新事物的人，因为接触

新事物不仅能使企业管理者大开眼界，还能改变他们的思维方式。值得注意的是，企业管理者在接触新事物时要认真筛选，找出对企业发展有利的信息，并从中总结企业发展的新思路。

假如一家以生产饮料为主的企业要想在竞争激烈的环境中生存下去，就必须懂得开创新思路。例如，该企业负责人要重视消费者对饮料口感的评价，如果消费者对饮料的评价是负面的，该负责人就要学习其他成功的饮料生产商的生产工艺、流程等，还要参加国际饮料协会组织的供应商采购会，从中找到最受消费者青睐、市场销量最大的饮料产品，通过多方面的对比，企业负责人结合自身的财力和物力总结出适合企业发展的新思路。该饮料企业就会在新思路的带动下获得生产效率的提高，并在市场竞争中站稳脚跟。

也许有些企业管理者对接触更多新事物还是很迷茫，不知道从何入手。实际上，我们可以将接触新事物的方法归纳为：多听、多看、多问。多听可以理解为，多关注一下当下市场中最为流行的讯息，听听人们关注哪些新闻；多看指的是多从网络、电视、报纸上收看最流行的话题，以及人们普遍关心的话题；多问就是对自己搞不清的问题要虚心向专业人士请教，以便尽快找到问题答案。

通过这些方式，企业管理者很快便能掌握接触新事物的技巧，找出有价值的新思路。

（2）企业管理者必须摒弃旧思想。

“思想有多远，发展就有多广阔。”这句话非常适用于企业的发展。的确如此，企业管理者的思想在一定程度上决定了企业的发展空间。对于思想广阔的管理者而言，其企业的发展空间必然大，产生的效率也更高；而对于思想保守、陈旧的企业管理者而言，其企业很难获得高效率，其企业发展也只能裹足前行。

摒弃旧思想可以最大限度地给企业带来活力，并提高工作效率。然而还有相当一部分企业管理者还是用过于保守陈旧的思想经营着企业。例如，在产品的销量下滑时，如果有企业成员建议企业管理者适当调整市场战略并对产品进行创新，那么得到的答复便是“创新肯定会存在很大的风险，这个风险显然是企业目前不能承受的。与其那样，还不如采用传统的方法，会更加稳健”。结果该企业在此后的发展中依然采用了陈旧的经营方式，不仅没能使企业稳健发展，反而使企业陷入经营危机的处境中。试想，如果企业销量下滑时能摒弃旧思想，根据市场的变化及时调整销售策略，那么企业的命运就很可能被改写。

再比如，一家化妆品企业在销售产品过程中，如果一直采取传统的销售方式而不对其进行创新时，销售业绩很可能会输给那些借助网络进行销售的竞争对手。因为，有相当一部分消费者更倾向于网络购物这种轻松、便捷的购物方式，它与传统的实体店销售相比，没有实体店的地域限制，而且价格方面也更具有吸引力。

因此，从多方面来看，通过网络这种新思想进行销售要比传统的实体店销售更具有发展潜力。这样就能极大地提高销售效率，从而使企业规模发展更大。

3. 创新管理机制：激活员工的高效潜能

20世纪20年代，世界有很多知名企业，如索尼、宝洁、丰田等通过管理的变革和创新，不仅在发展中产生了高效率，还在行业内获得长期的竞争优势。可令人感到遗憾的是，国际上却还有相当一部分企业都缺乏一种企业管理变革和创新的过程和机制。

加里·哈默在《管理大未来》一书中指出："现代企业管理的实践和流程是建立在少量核心规则的基础上的，其中包括：标准化、专业化、等级制、认同、计划和控制。数字化和因特网的产生使得知识产权带来的利润越来越小，使企业在整个生态系统中能够掌控的东西也越来越少。"据一份国际性企业调查报告的研究成果显示，在全球各地区的企业中，只有十分之一的员工会认真投入工作，其他员工很少能在工作中为企业带来高效率。由此可见，陈旧的企业管理方式已经不能有效激发员工潜在的工作能力和热情了，传统的管理方式也不再适应企业的发展与外部环境的变化，因此，企业需要进行管理机制创新。

加里·哈默通过对谷歌公司和戈尔公司进行的创新实践，向世人展示了企业未来管理革新的远景规划。谷歌公司在其发展过程中大力构建扁平化的管理层级制度，对那些在工作中特别有创意的员工进行极高的奖励，此外，基于公司的产品开发方式，谷歌公司的管理者将用户至上的理念灌输给每一名员工。而戈尔公司在企业管理中积极地为员工营造一种民主的崭新氛围，使得企业内部看不到等级制度，更多的是员工可以自愿加入或退出的管理小组。这使得员工在工作中有了充分的自由与选择权，最终为戈尔公司带来了高效率。

企业管理大师用案例告诉人们，企业管理者完全可以用先进的管理创新机制来替代传统的管理方式。企业中的员工在得到企业管理者赋予创新的权力后，可以进行自我管理，并充分调动自己的创新思维，让员工自发地将创新思维带到工作中。在上述案例中，加里·哈默充分肯定了企业员工的重要性，他指出企业管理者单纯依靠行政指令不利于员工发挥其创新能力，因为员工个人的创新能力要比企业期望的要高得多。为此，企业管理的目标之一就是要建立让员工自愿贡献创造力与工作热情的新机制。

一些企业为了让员工创造出更多的效率与价值，开始进行创新方面的尝试，比如，IBM公司就开展了一项名为“创意对对碰”的在线活动，邀请全体员工、客户以及其企业的主要负责人交流他们的观点。IBM总裁会再从众多的观点中筛选出好的创意，并提供资金支持以便创意能付诸实施。此外，IBM的管理层还鼓励并支持研发团队创新产品或项目。

又如，印度HCL科技公司建立了这样一条管理创新的机制——员工可以为主管评分，而主管必须得到满分，才能胜任此工作，并且主管所得分数的高低以及改进工作的响应时间与主管的业绩直接挂钩。

加里·哈默强调，企业管理已经迈向“后管理时代”，企业管理者的管理职能逐渐由传统的管人模式向员工的自我管理延伸。他认为，企业要建立新的管理方式，必须敢于打破常规，进行创新，因为创新是建立在打破常规的基础之上的。

企业未来的管理模式要求企业管理者时刻保持警惕，不让先例影响到企业的决策过程。同时，企业管理者要敢于质疑原有的管理经验，深刻体会传统的管理模式是企业长远发展的阻力，企业只有创新，才能为企业的发展带来活力。此外，企业管理者还必须清醒地认识到权力越倾向于企业高层，企业的组织机构便缺少活力。

为了更好地阐述企业如何进行管理创新，加里·哈默在《管理大未来》一书中还列举了山姆可公司的案例。山姆可公司在早期的发展中并没有企业发展框架，也没有系统的组织结构图、企业未来发展宏图及设定长期预算机制。发展到后来，山姆可公司将“从员工利益出发，鼓励他们进行创新”作为管理企业的一种主要方式。具体做法是，员工对管理者安排的工作不满意，可以提出申诉，直至找到适合自己的工作为止。但与此同时，员工必须为他们的决定负责任。由此可见，只有员工在工作中的权力与责任相同，才能激发出员工的创新精神，从而为企业带来效率。

实际上，管理大师通过阐述高效率企业的管理思维，总结出未来企业管理创新的真谛，即企业的管理创新要以普通员工为切入点。企业管

理者应该建立创新机制，并对他们的创新给予支持，通过建立有利于增强员工工作积极性和创造力的体系，使企业创新成果得以显著提高。

在管理企业的过程中，企业管理者假设只是将员工视为管理流程的一个产物，那么企业管理者就不能主导整个流程的进展，也不能促使员工发挥其主观能动性。

加里·哈默提出的管理创新主要强调，企业中的每名员工自身都具有相当大的创造力和潜能。一些传统企业，包括目前相当一部分企业家，很多时候都忽视员工的内在价值，只会单纯地对他们的业绩进行考核。这样的企业管理者往往忽视了员工创造力对企业效率的推动作用。

4. 观念创新：企业在残酷的市场竞争中站稳脚跟的关键

近些年来，创新一词逐渐被越来越多的企业重视。与创新有关的词语也接踵而来：管理创新、制度创新、技术创新、产品质量创新、企业文化创新、营销创新等。一些成功的企业管理者表示："创新是一个企业乃至一个国家产生高效率的动力。"很多企业管理者都把创新工作提到了关乎企业发展前景的高度，他们认为，企业若不创新，就不能得到发展。可见创新已经成为企业发展的主旋律。而企业的一切创新都来源于企业管理者或员工观念的创新。因此，观念创新是一切创新的前提，它对企业持续创新有着极为深远的影响。

（1）观念创新是创新的前提。

从一部分企业的发展现状看，其发展情况似乎不容乐观，究其原因，就是企业管理者观念陈旧、企业规章制度僵化、技术进步停滞等因素所致，与外部环境对企业的客观要求相比，确实令人担忧。究其根本原因，就是这些企业缺乏创新，尤其是思想观念上的创新。

所谓思想观念的创新，就是能打破旧常规，也可以理解为是对现有的管理制度的一种变更，是企业管理者对事物发展规律认识的深化、拓展和升华，但绝不是随心所欲的主观臆想。总而言之，创新其实就在“变”字上，而且要做观念上的改变。而这种观念上的创新在一定程度上取决于企业管理者能否真正做到观念上的创新。因此，观念创新是企业创新的前提。

作为世界家电巨头的海尔公司，产生了高效率，并在海外成功上市的秘诀就在于其“不断进行创新”的观念。海尔在早期发展中曾接到市场反馈说海尔生产的冰箱存在缺陷。经海尔企业负责人的认真调查发现，库房里的冰箱确实存在一定的问题，此时库房里还有好几十台有质量问题的冰箱。从当时的社会环境来看，冰箱在多数百姓看来是个奢侈品，因为一台冰箱的价格相当于普通职工两年的薪水。面对这些有问题的冰箱，有人建议将冰箱以低价卖出，但海尔管理者意识到改变固有观念的重要性，于是，宣布将这些问题冰箱砸掉，同时宣布：在以后的生产中，谁出现问题就扣谁的工资。砸冰箱事件增强了海尔人追求高品质的思想意识激发海尔人将产品质量做到卓越的雄心壮志。

从众多企业的发展来看，虽然他们在发展中焕发出创新精神且呈现出一派繁荣的景象，但发展势头表现还不是特别强劲，这值得企业家们重视，一些企业在发展中仍然不敢进行观念的创新，总是陶醉于“明日黄花”中。因为，那些处于鼎盛发展期的企业都已在为企业的未来进行思想观念的转变了，而那些安于现状、不求进取的企业不能不令人感到担忧。在经济全球化、网络化与一体化的大背景下，企业管理者应该着眼于观念的创新，随时发现企业发展中存在的问题，以创新的理念进行改革，这样才能保证不被竞争激烈的市场淘汰。

（2）观念创新是企业管理创新的保障。

对于企业而言，所谓的管理创新，是依照现代企业制度的要求，把即将被淘汰的传统管理方式及其相应的管理方法，创建成适应市场发展的新型管理模式及其相应的方法。一些企业在发展中缺乏有效的管理体系和切实可行的企业发展战略，占用资金过多、产品成本过高、财务预算不严谨；现金流、信息流等未能实现有机的集成与统一，企业出现的这些问题直接影响着其在市场中的竞争力的提高。企业要改变这种现状，必须进行有效的管理创新，从战略高度审视企业的管理体系、企业资源计划的作用，尽快做出改进。

企业通过创新管理，不仅可以提升企业的管理水平和生产效率，还能提升企业的竞争优势。而企业进行的管理创新源于观念创新。也就是说，企业管理者在进行管理创新，首先要对企业自身发展现状和竞争形势做充分的了解，在观念上认识企业管理创新的重要意义，这样才能不断激发出企业内在的管理创新动力。

而在现代企业管理中，一些企业的管理者面对外部环境的压力和挑战，缺少的不仅有危机意识，更缺乏创新管理意识，这无疑束缚了企业的观念创新，同时也制约了企业员工创新观念的转变，使得企业无法产生高效率，无法实现真正的管理创新。企业要想实现真正的管理创新并始终保持旺盛的发展势头，必须以先进的观念创新机制做“后盾”。

5. 高效率源于创新企业文化

国际知名企业管理大师汤姆·彼得斯曾经说过：“企业管理者都希望企业处于高效率的良性发展氛围中，要做到这一点就需要企业具有创新意识。创新的关键是企业管理者根据企业自身的发展情况构建一套完整的创新规则和良好的企业文化，而企业文化则是创新规则的灵魂。即使是相同行业内的企业，其创新机制也存在很大差别，而企业文化则是这种机制的决定因素。”

汤姆·彼得斯还认为，企业文化是创新的灵魂，相同行业的不同企业都会有不同的企业文化。就拿华为和中兴这两家优秀的企业来说，华为公司推崇的是以业绩为导向的企业文化，也就是说，谁工作效率高谁就有升迁加薪的机会；谁没能按时完成工作目标，谁就要受到处罚。而中兴公司虽然也强调业绩，但它更多的是以人为导向的“人和”文化，也就是说，从员工角度出发，以人性化的企业文化经营企业，也取得了很大的成就。

那么，企业该如何创新企业文化呢？

（1）企业要营造创新的氛围，并强化危机意识。

在日本松下公司，无论是在会议室，还是在生产车间，其显眼的位置都贴着一幅画。画的内容是一艘客轮即将撞上冰川，画的左下角还用红字写着："灾难即将来临，能拯救你的只有你自己！"很明显，这是松下公司的危机意识。不仅如此，日本其他企业也将危机意识融入企业文化，在他们看来，危机意识是支撑企业发展的精神支柱，也是提高企业效率的"利器"。

在打造企业的创新文化中，危机意识是其中的一个重要方面。尤其对于那些处于发展转折期的企业而言，企业管理者必须要有危机意识，并将这种意识灌输给企业的全体员工，以激发员工的忧患意识，因为危机意识越来越成为企业创造高效率的源动力。

（2）制定全员参与的创新机制。

企业要想产生高效率就必须要创新，而创新需要建立一套完善的机制，其中包括创新的方式方法、对员工的奖励标准，以及能及时予以兑换。很多时候，改进性意见可以说是创新机制的重要组成，大多数企业通常也都具备，可在具体实施过程中实施的效果并不明显，原因就在于他们忽视了企业的机制。

其实，在企业管理中，要制定一套机制并不是多么困难的事，难的是让企业全体成员充满热情地参与其中。也许有些企业管理者会抱怨员工的创新动力越来越弱，以前员工会有很多想法，可现在，员工对工作似乎不怎么上心，往往只说一些表面的话。出现这种情况往往是企业管理者忽视了对员工的激励和反馈所致。

京瓷公司流传着这样一个故事。一个研发小组花了半年时间研发一种新型电子元件，但最终以失败告终。根据京瓷公司的规定，参与研发的人不会得到任何奖励，还会遭到批评，但是后来，京瓷总裁稻盛和夫并没有对他们进行严厉批评，反而请他们吃了一顿饭。在饭桌上，稻盛和夫认真与这个研发团队展开沟通，并分析了产品研发失败的具体原因，并鼓励研发团队不要气馁，要有从头再来的勇气和决心。通过稻盛和夫的鼓励，研发团队很快便投入到新的研发工作中去。功夫不负有心人，研发团队终于研发出具有高性能的电子元件。

有时候员工贡献了自己对企业发展的意见，却得不到企业管理者的回复或响应，久而久之，他们变得麻木，创新精神自然大不如以前。所以，企业管理者要激励全员参与到企业的创新工作中，并及时奖励先进的创新事迹。

6. 开放式创新——助企业带来预期回报一臂之力

现如今，开放式创新逐渐成为商业管理领域最为重要、最为实用的创新理念之一。从一些成功企业的创新实践中可以看出，借助发达的网络资源，开放式创新能实实在在为企业带来可观的回报。尽管开放式创新的理念同时适用于企业产品和服务的创新，但从现代企业的实际操作经验来看，开放式创新应用于服务创新领域的几率更高。

以IBM电脑公司为例，IBM意识到企业要想持续产生效率，就必须有创新意识。于是IBM便开始了从当初以生产电脑产品为主要业务模式向服务型业务模式的转变。虽然，如今的IBM仍然生产电脑，但业务收入中很大一部分收入都来源于服务创新。如果IBM管理层没有创新意识，还是像以前一样专心致力于电脑产品的创新而忽视了服务创新，那么IBM的管理者也是不称职的。

类似于IBM的这种挑战创新的企业还有很多，尤其是一些制造业企业大多都致力于向服务创新转型。虽然在转型过程中面临着挑战，但这些企业的管理者还是认为开放式创新是为企业创造价值与效率的法宝。

在开放式创新类型里，是最为常见的要数“由外到内”，即企业与客户或企业与供应商合作，将客户或供应商的一些好想法应用到企业发展中，以便增加企业利润。

在实施“由外到内”的这种开放式创新时，乐高玩具公司是很值得其他企业学习的典范。

乐高玩具公司起初只是个制造玩具的企业，当该企业管理者意识到实施开放式创新的重要性后，不仅有效拓宽了在玩具领域的业务，还通过服务创新为企业迎来了更多的效率。

起初，乐高玩具公司与美国麻省理工学院实验室共同研发出一款用积木搭载的可编程电动机的新玩具——“乐高机器人”，当这个玩具投入市场后，很多购买者都被玩具的创新性所吸引。一些好奇的消费者甚至对玩具内的电动机的软件内容进行修改，尝试设计出更多更好玩的功能。在消费者的启发下，乐高玩具公司决定自己开发软件，并将软件发布在官方网站上，这样世界各地的人都可以从官网上下载软件，并对软件进行修改，乐高公司便可以得知消费者到底想要“乐高机器人”实现什么样的功能。乐高玩具公司通过将软件发布到官网的方法，让全世界喜爱玩具的人感受到开发玩具的新功能的乐趣，而导致完整详细的中学机器人开发教程的诞生——应用乐高的玩具教学生们学习机器人知识。就这样，乐高的产品设计创新催生了一个面向中学机器人教育的服务行业。

可以看出，这种“由外到内”的创新方式是很容易被企业接受的，因为大多数企业都愿意借助外部资源来提高企业的效率。而另外一种开放式创新模式——“由内到外”，也可以很好地用于服务创新。亚马逊公司就是一个很好的例子。

亚马逊公司进行的创新活动做得非常到位。其中最为消费者所知的是，消费者可以随时对其在亚马逊网站上购买的商品进行评价，而这些评价可以吸引更多的消费者购买商品，从而实现销售效率的提高。在亚马逊产生高效率的过程中，它开始和那些想实现在线销售的产品供应商合作，这些零售商对亚马逊公司运营零售网站的经验非常看好，于是借用亚马逊这个网络平台实现在线销售。事实上，亚马逊公司本来可以将自己的专业经验作为一种商业机密，拒绝向其他公司提供这些知识。但亚马逊公司并没有这样做，它从自己所拥有的在线销售和网站架构这些方面看到了创造更大价值的新的商机。亚马逊公司帮助第三方零售商开发它们自己的网站，并为它们的网站提供服务器。这样，对于这些零售商而言，亚马逊公司就成了基础设施提供商。在某些情况下，亚马逊公司甚至代替零售商完成整个交易的过程。对于亚马逊公司来说，这是一个让自己已有的资源发挥最大效用的好办法——将本来只为自己创建的基础设施推向市场，为其他企业所用。

还有一种被称为“由外到外”式的创新模式，也是一种利于企业创造效率的有效模式，这种新颖的模式为开放式创新提供了新的思路。从苹果公司的iPhone和iPod取得的成功就可以看出这种创新模式的巨大魅力。

苹果公司的iPhone和iPod风靡全世界，其外观设计的新颖以及功能的强大是其成功的关键，但如果苹果公司没有开发出App Store商店应用下载模式，可能不会获得如此成功。所谓的App Store模式，其实就是典型的C2C模式，购买者经过注册后，便可以从中下载到自己喜欢的应用程序，并可以获得苹果公司的技术支持。还可以从中购买到一些收费的软件或应用程序。App Store通过热门搜索、应用程序排行榜等方式让使用者很容易就能找到自己想要的程序。此外，App Store商店中还为使用者提供报刊、杂志、音乐、娱乐信息等方面的服务。

苹果公司的App Store模式强调的是，使用者与开发者之间形成的良性互动。也就是说，App Store为使用者搭建平台并收取分成，实现了业绩的增长。从表面上来看，苹果公司向用户提供的产品有手机和平板电脑，但这两种商品其实并不是"完整"的，因为只有当用户根据自身的喜好下载不同的应用程序时，他们手中的产品才是"完整"的。但严格来讲，用户手中的产品很难做到真正的"完整"，因为用户会在App Store商店中不断地下载他们喜好的应用程序。从这个方面来讲，用户手中的产品都是完全个性化的产品。而这种能为用户提供个性化需求的产品，是能给企业带来高增长效率的关键因素。

企业顺利地实施开放式的服务创新并不是一朝一夕就能做到的事，尤其是那些产品导向型公司。苹果公司在发展中首先面对的也是个人使用者，但苹果公司通过尝试开放式创新，能从一家以产品为导向的B2C公司顺利地转型为服务导向型公司。从苹果公司顺利转型中就可以看出，开放式创新对企业发展的重要性。其实，那些面向企业用户的B2B企业，同样可以借鉴苹果公司的经验，即采用开放式服务创新。那么哪些方法有助于企业开展服务创新呢？

（1）企业要与客户进行密切合作，并开发满足客户需求的解决方案。

提高企业效率很重要的一个因素就是要与客户合作——与特定的客户一起组成团队，共同开发出满足他们需求的产品和服务，与客户密切合作开发新的解决方案。这就要求企业首先要启动试点工程，与特定的客户组成团队共同去解决某个特定的问题。日本索尼公司就与客户有过这样的合作。索尼公司通过与客户达成协议，对方加入研发新产品的项目中，并且客户也可以分享在研发过程中来自于该项目的知识。项目完成后，客户得以在其竞争对手之前获得针对这一问题的解决方案，而索尼公司则有权重复利用这个解决方案——向其他客户销售该解决方案。

（2）企业管理者不能将目光紧盯在产品身上，要聚集于效用的提供。

很多时候，客户需要的不是产品本身，而是要关注于产品能否提供高效能和利用价值，这是服务思维中的核心。美国施乐公司就是一个典型。虽然生产、销售打印机和复印机是施乐最核心的业务，但该公司管理层为了能进一步激发施乐的发展效率，就推出了一个名为“管理打印服务”具有创新性的项目。在实施这个服务项目时，客户只需要对打印的纸张进行付费，其他如打印机的安装、日常管理和维护都由施乐公司负责。这可以说是一种前所未有的先进理念。因此，很多公司都加入施乐的这个服务项目中。据这些公司的反馈，他们在企业管理中节省了30%的复印和打印成本，并提高了员工的工作效率。

（3）为客户提供解决方案，并将企业内嵌于客户的组织之中。

企业在进行服务创新时，可以为客户提供解决方案，企业可以利用这种方式提高效率。UPS早期只是个名不见经传的包裹递送公司，如今，它在世界快递物流行业的名气越来越大。这种巨大的变化就始于UPS快递不断为客户提供货运的解决方案。当客户提出货运要求时，UPS快递总能以高质量、高速度的服务赢得客户的需求，加之，对于客户提出的货物运输、理货、打包、库存管理等服务要求，UPS快递总能提供高效的解决方案。因此，UPS快递在同行中的口碑也越来越高，在客户心目中的地位也越来越稳固。

我们可以从以上这些案例中看出，企业创新关乎企业的发展前景。对此，企业管理者要用一种新型思路不断对企业进行创新。由此可见，这种开放式的创新是企业管理中必须要面对的课题，也是给企业带来预期回报的助推力。

第十二章 高效会议产生高效价值：高效会议是提高效率的最好方式

任何企业都会不可避免地接触到会议。然而，在召开的众多会议中，企业管理者却没有认真计算过这些大大小小的会议浪费的时间和效率呢。通过计算，也许有相当一部分企业管理者会发现，召开的这些会议中，很多都没能起到会议作用，并没有能产生高效率的会议。为此他们惊呼：“原来时间都浪费在无效的会议上！”

的确如此，在现代企业管理中，开无效会议的企业还是存在的。这些企业的管理者大多缺少对会议时间的有效管理，或者多次出现会议议题不明确的情况等，这些因素直接影响到会议的质量。因此，如何让会议变得有效率就成了每个企业管理者认真研究的问题，因为，有效的会议能给企业创造出更多的效率与价值；而无效的会议却是导致企业管理出现混乱，或产生低效的“罪魁祸首”。

借用美国一位企业管理大师的话来说：“高效会议为企业发展带来高效价值，同时也是提升效率的最好方式。”

1. 高效的会议：实现会议目标，提高企业效率

对于企业而言，举行会议是其发展过程中必不可少的沟通方式。对一些企业来说，会议是非常频繁的，但会议效率如何呢？这其中相当一部分企业总会出现会议主题不明确、议而不决、决而不行等情况，这极大地降低了会议的效率。结果，会议对于这些企业来说，无疑是成本最高的一种沟通方式，也被形象地称为“时间杀手”。那么，企业管理者该如何提高会议效率，让其发挥出最大的功效呢？

我们不妨先来了解一下会议成本计算的方法。国际上通用的会议成本计算公式为：会议成本=员工每小时平均工资×3×2×开会人数×会议持续时间。在大多数情况下，由于劳动者劳动产值要远远高于员工的平均工资，所以员工的平均工资要乘以3，此外，因开会中断工作，由此带来的损失至少要再乘以2。我们从这个公式中可以很清楚地看出，参加会议人数越多，企业由此产生的成本就越高。

举例来说，如果员工每小时平均工资为50元，参加会议的人数为20人，会议持续时间为2小时，那么，企业的会议成本为50×3×2×20×2=12000元。可见，参加会议的人数越多、持续时间越长，企业会议成本的付出就越高。但会议成本的付出到底有没有价值，就要看会议能否带来高效率了。因此，企业管理者在召开会议前，可以借助这个会议计算公式认真核算会议的成本，并将其公布给员工看，让全体员工有明确的认识，增强员工提高会议效率的意识，做到开高效率会议的目的。

因此，企业管理者非常有必要学习提高会议效率的措施：

（1）事先将印有会议议题的材料发给每一位与会者。

企业要提高会议效率首先就必须让与会者提前知道会议的议题。如果与会者只知道会议在某一个时间举行，而根本不知道会议的议题，那么在会上还要花费大量时间对议题进行解释和说明，如此一来，必然会使会议效率降低。如果一时不能将会议内容说清楚，就会让与会者出现厌倦的心理，甚至对会议失去兴趣。

为了避免这种情况的出现，企业管理者不妨在会前对会议的议题、主要讨论内容进行梳理，并整理打印出来，提前分发给与会者，让他们对会议的大致内容有初步的了解，为表达自己的意见和结论做好准备，这样不仅能在正式开会时能快速地说自己的观点，还能避免企业管理者由于考虑不周、材料准备不充分等延误会议的情况。

（2）企业管理者要尽量避免邀请与会议无关的人士参加会议。

我们可以从会议成本计算公式中看出，参加会议的人数越多，企业的会议成本支出就越高。如果企业管理者邀请了那些与会议无关的人参加会议不但不会产生高效率，还会增加会议成本，造成资源的浪费。

一些企业在召开会议时，总有一些人自始至终没有发表过自己的观点，因为他们与会议无关，相当于“旁听”的角色，这类人肯定不会给企业带来效率的。因此，企业管理者在举办会议时，必须要明确参加会议的人数，坚决避免“旁听”角色的出现，这样做不仅可以降低会议支出成本，还能使会议变得高效。

（3）企业管理者要加强对与会者时间观念的监督与管理，以便能准时召开会议。

一些企业在召开会议时经常出现这样的情况：一场20个人参加的小型会议，总会有几个人拖拖拉拉，或者临时有事而迟到，使会议时间不得不延后。这样不仅浪费了别人的时间，而且还降低了会议的效率。为了避免这种情况，企业管理者应该在召开会议前统一安排好会议的时间，加强与会者的时间观念，这样才能确保会议准时召开。

（4）会议的议题要有针对性。

一些企业在召开会议时总会讨论很多议题，甚至常为一点小事召开会议。对这些企业来说，要想在会议中产生高效率，就必须摒弃这种把很多议题集中于一个会议进行讨论的做法。因为议题太多反而不能有效抓住会议的重点，从而失去召开会议的最终目的——为企业带来高效率。如果企业召开会议的议题过多，而每个与会者关心的议题又各不相同，这就难免会出现分散精力、结论达成速度减缓，拖延了会议时间等情况。因此，企业管理者在召开会议时不要追求过多的会议议题，要有针对性地围绕最急需解决的问题进行讨论，这样才是会议产生高效率的根本。

（5）会议的时间不宜过长。

据美国心理学家研究表明，在工作中，一个成年人聚精会神的时间为两小时左右。由此可见，如果会议时间超过两小时，就会让与会者感到“疲惫不堪”，效率可想而知。最科学的会议时间应当控制在两小时以内，这样既有利于企业管理者与员工的沟通并达成共识，还可以避免浪费时间。

（6）企业管理者可以尝试站着开会。

当企业所召开的会议议题比较重大时，企业管理者与员工之间达成共识就比较困难，会议的时间也不容易控制。此外，会议环境的舒适等多方面的因素，都是导致会议时间延长的原因。为了避免浪费时间，提高会议的效率，企业管理者不妨采用站立的方式开会，这样可以营造出一种紧张的会议氛围，这也是实现高效率会议的一种有效方式。效率会议还是很多日本企业非常看重的，在很多日本的企业中，会议室的设施大多十分简陋，没有舒适的椅子，甚至没有宽大的桌子，参加会议的人只能站立着开会。虽然这似乎有些不近人情，但对于提高会议效率却非常有效。

（7）企业管理者尽量将会议安排在临近下班前。

很多时候，会议之所以不能达成共识、迟迟不能结束就是因为与会者时间观念，一些与会者往往不到最后不会果断作出决定。比如，企业原计划上午10点结束会议，可由于不能达成共识，就很容易将会议结束时间推迟到下午1点；而下午2点召开会议，也有可能推迟到4点。为了避免会议被拉长的情况，企业管理者不妨换个时间段，比如将会议安排在临下班前的一个小时，这就明确限制了会议的时间，员工为了能准时下班也会尽快在这段时间内表达自己的观点，从而提高会议效率。因此，这个措施是促使员工能尽快达成共识、提高会议效率的有效方法。

（8）主持会议的人应该为每名与会者设置好发言的时间。

对于企业的会议而言，如果参加会议的人数为20人，每人需要发言6分钟，所有发言的人就要占据两个小时的会议时间，而在发言过程中，总会有一些人滔滔不绝，这样无疑会延长更多的会议时间。为了避免这一情况，主持会议的人要为每名与会者设置好发言的时间，提前规定好每个人的发言时间，让与会者在发言前做到心中有数。对于那些喜欢滔滔不绝的与会者来说，要时刻加强他们的时间观念，以避免其占用过多的会议时间。主持人可在与会者已表达一半观点的时间提醒他，示意让其尽快阐述表达的重点，最后一分钟还可以再提醒一次，以便让他们尽快用简短的总结结束表达。通过这样的方式，可以最大限度地提高会议效率，使会议达到“分秒必争”的效果。

从一些高效率企业的管理体制来看，他们都很注重会议的有效性和高效率。从会议前期准备到会议的召开，最终到会议的议题能得到有效落实，这些都需要用有效的措施加以保障。

2. 无效的会议：使企业管理出现混乱

如果一家企业缺少会议，管理者就无法展示权威，领导便不能有效发号施令。其实，在企业发展中，会议效果的好坏直接影响到企业管理的好坏，更影响到企业的高效率。

事实上，在企业管理中，会议所起的作用是非常大的。企业缺少规章制度或不能有效执行规章制度；企业经营中出现的一些经营矛盾或纠纷；产品出现质量问题，需要及时改进时；企业管理者发布新的工作计划或分配工作任务时……总之，企业会议的效果对企业的诸多管理决议都有着无可取代的作用，甚至会使企业管理出现混乱。

企业怎么才能避免会议的无效性？企业管理者首先要明确会议的作用，然后企业管理者再着手会议的管理方法。

会议的作用：管理者给下属布置新工作；对企业发展业绩进行总结；讨论企业的未来发展策略；研究并解决企业发展中存在的问题等。

也就是说，企业会议都有特定的议题和需要解决的问题。在会议过程中，与会人员只要紧紧围绕会议的主题，通过集思广益、自由发言等方式就能达到解决问题的目的，这样的会议才有意义，也更容易产生效率。

会议的管理方法：企业每年召开会议的次数其实是可以计算出来的，除了年度总结大会、季度总结大会、月例会以及周会外，其他时间举行的大多是非常规会议。为此，企业管理者应该建立合理的会议管理制度或会议召开流程，对各类会议的参加人员、会议召开地点、会议持续时间的长短、发言的先后顺序以及会议所要讨论的议题都提前做好安排，以确保对会议有效进行。

而对那些非常规会议要认真审批，对会议召开的目的、参加会议的人员、会议讨论的事项及会议能解决的问题同样要事先做好规划，并进行评估，如果会议举行与否无关紧要，企业管理者可以取消会议，这样企业管理者才能做到对会议的管理更具目的性与成效性。企业如果能将会议效率与绩效考核挂钩，那将会让会议变得更有效。

此外，在会议的管理方法中，主持会议的方法也是值得企业管理者重视的。

企业举行会议成败与否或产生效率的多少与企业管理者的主持技巧有关，要想给企业会议带来高效率，企业管理者要学习以下这些技巧：

（1）企业管理者要事先对会议做好规划。

确定好会议上要讨论的议题、解决问题的方法、发言次序，并事先梳理好自己的发言和对问题改进的意见，并告诉每一名与会者会议的主题。

（2）企业管理者要学会掌控会议进程。

启发与会者表达自己的创新思维，让会议在良好的沟通氛围内进行，最终有利于解决企业所出现的一些问题。

（3）企业管理者要学会鼓励与会者提意见。

当会议围绕某一个话题展开激烈的讨论时，企业管理者要善于引导与会者，对他们的意见要予以鼓励，这样才会有越来越多的与会者提出不同的建设性意见，从而提高会议效率。

（4）企业管理者要有归纳问题、总结问题的能力。

一个合格的企业管理者必须善于解决问题，这一点在会议中非常关键。当与会人员阐述自己的观点时，企业管理者要适时作出总结，才能有针对性地解决问题，从而保证及时散会。

企业管理者只要能将这些方法运用自如，就可以避免开无效的会议，同时也可以让企业的发展有序进行。因此，不开无效的会议才是企业产生高效最好的方式。

3. 有效率的会议——企业创造出高效率的动力

国际顶尖管理大师彼得·德鲁克认为，对于任何企业管理者来说，要做一名有效的管理者，必须要避免开没有效率的会议。因为没有效率的会议就意味着浪费时间，开有效率的会议才能为企业创造出高效率。

就现代的企业管理体制来看，企业管理者常常被各种各样的会议弄得分身乏术，甚至厌恶。

法国文豪巴尔扎克曾经说过：“我不在咖啡馆，就在前往咖啡馆的路上。”将这句话套用在企业管理者或经理人身上，可表达为：“我不在开会中，就是在赶往开会的道路上。”很多时候，在企业中你担任的职位越高，承担的责任也就越大，需要协调、评估、外部沟通以及进行决策的事情就越多，参加的会议自然也会多。经常听到有管理者如此抱怨道：“我每天除了开会，还是开会，就连吃饭时间也要想着会上要发言的内容。一个会议开完，紧接着又是另外一个会议，简直快成机器人了。”

根据美国对众多企业的研究调查显示，企业中的管理者在一个月中，平均有16天消耗在会议上。彼得·德鲁克曾在《哈佛商业评论》中撰文指出，企业管理者所召开的会议能否产生效率，取决于其是否具备高度的自律能力，也就是说，在会议召开前，企业管理者首先应该确定召开会议的类型，比如是员工绩效考核的会议，还是企业人事任免会议，一旦企业管理者确定会议类型后，就不能随意更改会议的流程了，否则必然会降低会议的效率。

值得主持会议的人注意的是，一旦与会者达成共识后，应该立即结束会议，不要再牵扯出其他的议题。彼得·德鲁克强调，要想让企业召开的会议获得效率，事先必须要确定会议的类型。因为不同类型的会议，前期的准备工作也不尽相同。举例来说，企业如果要召开人事变更的会议，对企业人事的任免作出调整，此时，会议的重点就在于尽快宣布人事变更结果，并尽快对全体员工公布。又如：某一位员工要在会议上提出专题报告，会议中心就需聚焦于报告的内容，并注意讨论的事宜不能超出报告的内容。

在彼得·德鲁克看来，执掌通用汽车公司30年的艾佛烈德·史隆可以被称为最具效能的企业管理者。彼得·德鲁克对艾佛烈德·史隆擅长开有效会议并能对会议是否产生高效率进行追踪后说道：“在一个月22天的工作日里，艾佛烈德·史隆大部分工作时间都在会议室中度过，其中一半时间用于开正式的企业发展战略会议，另外一半时间则与通用汽车公司各个部门的主管开项目会或产品交流会。每逢正式会议开始时，艾佛烈德·史隆都会大声宣布开会的目的，然后认真聆听其他部门主管的发言。在此过程中，艾佛烈德·史隆先是当面指出部门主管在工作中存在的问题，也不表达自己的观点。当会议临近结束时，他再站起身对会议达成的共识进行总结，最后感谢每一名与会者的参加。直到会议结束后，他才会认真写简短的备忘录，并将其寄给每一位与会者，备忘录的内容主要有：会议中达成的共识；针对同样议题再次召开会议或进行研究；任务完成的期限；负责的管理者等。”在彼得·德鲁克看来，艾佛烈德·史隆为与会者写的每一张会议备忘录都堪称杰作，因为这不仅让艾佛烈德·史隆成为优秀的高效企业管理者，也会为通用汽车公司创造出高效率。

有效的会议一直是企业管理者追求的，可在实际中，会议仍是很多管理者浪费时间的重要原因，只要把所有参加会议的时间统一集中起来计算就会发现，参加会议损失的时间是惊人的。据统计，相当一部分企业管理者每周5天的工作中有3天都用于各种会议。为此，这些人也坦言：“虽然开的会不少，但有一半时间是浪费的。”

由此可见，要使会议变得有效的第一个好办法就是节约时间，也就是取消一些并非真正需要召开的会议。但一些企业管理者并没有对此给予足够重视，于是无聊而冗长的会议仍然在企业中进行着。

为此，企业管理者首先要从节约时间出发，提高会议的效率。此外，企业管理者必须对每次会议进行客观性的分析，如：会议在什么情况下召开？出席会议有哪些人？等等。

彼得·德鲁克认为，有效率的会议必须满足这些条件：当出现一些会使企业的运营发生重大转折的问题时，企业管理者可以召开会议；只有通过具有不同工作经验和阅历的人进行讨论，才能得出结论；为了能及时处理企业发展中遇到的问题，企业管理者需要按正规流程和管理规则一步步进行审批，但时间上却来不及了；召开的会议对企业的发展乃至生存能起到重要作用；只有通过会议才能获得对企业发展有显著作用的新方法；员工只有受到会议的影响，才能容易接受和执行会议做出的决定。

此外，随着科技水平的提高，企业在会议中运用高科技设备，也是能提高会议效率的有效方式。

大名鼎鼎的星巴克咖啡之所以取得今天的成就，与其在企业的发展过程中一直将提高效率息息相关。那么它们是如何做到的呢？其实星巴克的发展并没有特别之处，但很关键的一点就是其各部门进行的有效沟通，而做到有效沟通核心的因素就是召开有效的会议。

据了解，当今的餐饮业市场竞争异常激烈，信息化建设程度的好坏直接影响到企业的发展，与此相对的是，一些餐饮企业由于人员分配不足、缺少财力等因素的限制，所以对信息化的应用能力有限。在星巴克的管理者看来，数据不能及时共享，效率就会低下。为此，他们通过借助SaaS模式的V2视频会议解决方案，不仅提高了企业发展的整体效率，还加速了星巴克迈向世界连锁经营的步伐。

星巴克董事长霍华德·舒尔茨曾骄傲地说道：“星巴克取得的成绩是令人瞩目的，也实现了星巴克世界经营的目标。而实现这一切最关键的因素就是要做到从无效会议到有效会议的转变，直至将有效会议运用自如后，企业才能迎来发展的大好时机。”

其实，霍华德·舒尔茨告诫那些想实现高效率的企业管理者：会议是企业产生高效率的一个方面，只有召开有效会议，才能保证企业创造出高效率，因此，企业管理者不妨借鉴霍华德·舒尔茨的经验中召开有效率会议，让企业始终保持高效率的良好势头。

开会并不需要创新，会议的流程完全可以按照固定的模式来做。只要按照这个既定的流程来做，会议就会很简单很高效。唐骏在微软的时候，说微软开会有个规定：所有的会议时间都不能超过一个小时。因此，高效的会议，必定能够提高企业的高效率。

4. 避免召开影响企业产生效率的会议：企业管理者的必修课

企业管理者在召开会议前，要明确会议召开的目标。在判断会议是否有必要召开时，企业管理者要特别留意以下几种会议，因为这些会议是影响企业产生高效率的“元凶”。

（1）表现民主的会议。

很多企业都会出现这样的情况，如果企业管理者已经将规章制度或解决方法想出来了，基本不会有人提出反对意见。遇到这种情形，如果企业管理者还要走过场式地召集员工开会，让员工对其提出的解决方案进行讨论，最终同意此方案，这就是典型的表现民主的会议。

如果企业管理者认为这种会议能有效解决问题，并提高效率，那就大错特错。因为这种表现民主的会议对解决企业中的实际问题，并没有效率。因此，企业管理者不应该召开那种形式上的假民主会议。而企业管理者应该在他人无法改变自身想法或决定的条件下，将表现民主的会议转变为直接传达，这样才能有效增加会议的效率。

（2）显示管理者个人威严的会议。

一些企业管理者会认为，最能表现自己身份和威严的一种最直接的方式就是召开会议。尤为严重的是，如果企业管理者总是抱有这样的想法召开会议的话，就会直接影响到会议的效率乃至企业效率。此外，虽然与会者迫于领导的威严准时参加了会议，但会议的内容没有涉及企业发展的任何信息，这样就会使得员工对领导反感。这也可能直接影响员工的工作效率。

（3）确认消息是否属实的会议。

一些企业管理者经常会听到一些关于企业的负面消息，因此为了确认消息是否属实，他们会通过召开员工大会的方式进行澄清。在会上，企业管理者会通过员工的意见来判断自己获得的信息是否属实。为此，企业管理者应尽量避免召开此类会议，一旦得到的信息属实，不仅会误导员工，还会浪费了会议的时间，从而影响了企业的效率。

（4）介绍个别业务单元或业务流程的会议。

很多企业管理者可能会同时管理到不同的业务单元。一旦企业管理者发现其中一个业务单元能取得良好业绩，便会将该业务单元取得的业绩通过会议向其他业务单元推广。殊不知，企业管理者往往忽视了该业务小组取得业绩的经验是否对全体业务小组有实效。

尽管企业管理者召开类似的会议是为了提高全体业务小组的业绩，但这样做的效果可能会与预期的效果背道而驰。因为每一个业务单元都

会采用适合自己的方法，企业管理者如果一味地将其他业务单元的方法生硬地借鉴过来，势必会影响到业务单元的整体业绩。在这种情况下，企业管理者根本没必要为介绍个别业务单元安排会议，因为这不会对企业产生高效率起到作用。

以上几种会议往往会影响到企业的产生效率。为此，企业管理者必须要避免召开类似的会议。因为这不仅关系到企业能否获得高效，还决定着企业管理者能否创出一套良好的管理体制。

吴宏彪经典培训课程

精细化管理

银行精细化管理

向军队学管理

零缺陷管理

执行力

大客户营销

接受课程预定

请与博士德联络：

北京公司	010-68487630-217	15901445052	赵　敏老师
	010-68487630-229	18201634569	李　让老师
	010-68487630-215	13521352981	陈旖光老师
杭州分公司	0571-88355820	13758165372	胡　军老师

请登陆：

中国精细化管理网：www.jxhgl.com

新浪博客：http://blog.sina.com.cn/zbz159

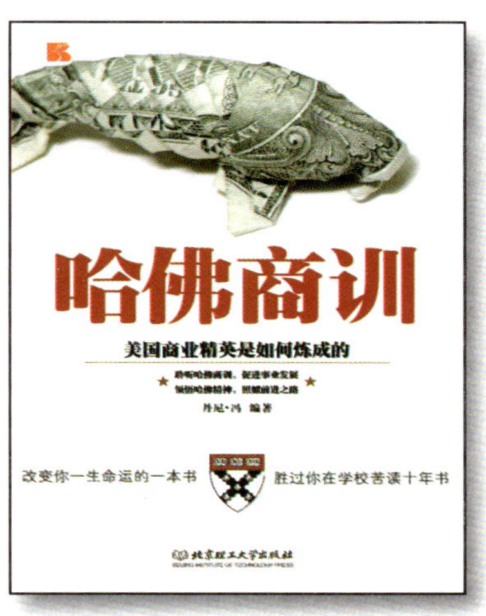

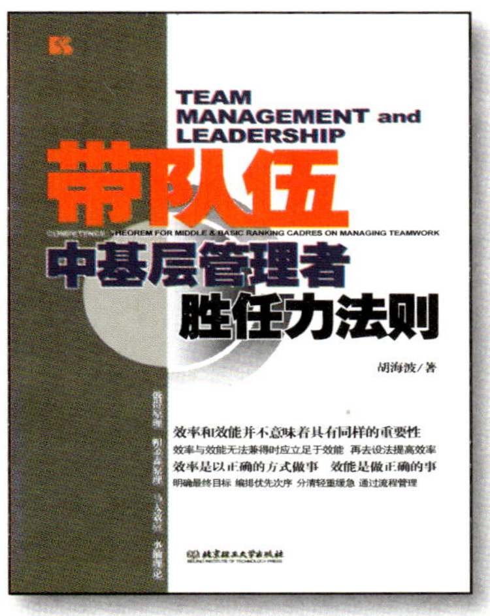

网（网址：www.jxhgl.com）

得到上司的赏识，轻松纵横职场
如何得到上司的赏识
行走职场的秘籍，迅速晋升的宝典
北京理工大学出版社

行行出状元，状元价不同
入对行 成大事
跟对人 才能 早成事
新 月◎著
RUDUIHANG CAINENG CHENGDASHI · GENDUIREN CAINENG ZAOCHENGSHI
人生最大的浪费是选择的浪费
北京理工大学出版社

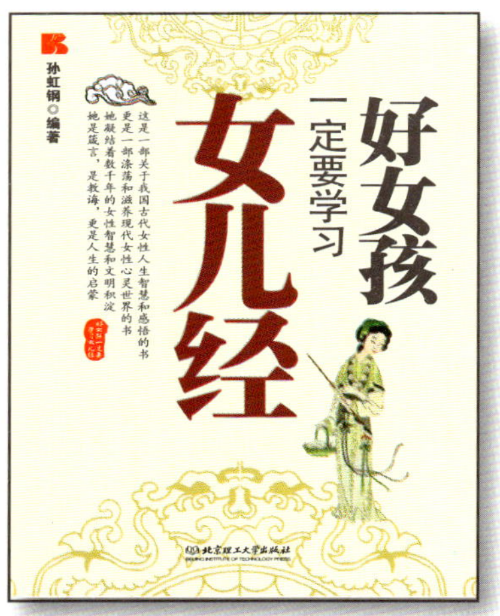
孙虹钢◎编著
好女孩一定要学习女儿经
这是一部关于我国古代女性人生智慧和感悟的书
更是一部涤荡和滋养现代女性心灵世界的书
她凝结着数千年的女性智慧和文明积淀
她是箴言，是教诲，更是人生的启蒙
北京理工大学出版社

孙虹钢◎编著
好员工一定要学习孝经
天下大德孝为先
北京理工大学出版社

GUIDE FOR BEING A GOOD MOTHER
好妈妈学习手册
——倾听孩子的声音，消除交流障碍
架起与孩子心灵沟通的桥梁
北京理工大学出版社

方法总比问题多
方法总比困难多
36 LEARNING SKILLS & STRATEGIES
学习方法36计
王术波 著
实用学习秘诀
人的智商差别并不大，关键在于学习技巧与方法是否科学实用
世界上最有价值的知识是关于方法的知识
北京理工大学出版社

智慧是犹太人一切财富的根源
YOUTAIREN
朱新月◎编著
犹太人笔记本里的101个赚钱秘密
北京理工大学出版社

35岁以前要活学活用的62个经济学通识
写给青年人的经济学
揭开经济学的神秘面纱，看清经济运行背后的真相！
以新的视角看待经济，以新的思维指导我们的生活！
薛志英 编著
北京理工大学出版社

Führung aus Deutschland
德国式领导力
严谨 系统 理性
杨佩昌／著
北京理工大学出版社

ZHANG KONG LI
掌控力
一定要做自己能控制的事
吴宏彪 著
你想成为一个出色的领导者吗？
北京理工大学出版社

高素质员工系列读本
崔建中◎著
没有完美的个人 只有完美的团队
向狼群学习团队法则
北京理工大学出版社

高素质员工系列读本
吴宏彪◎著
雄狮精神
给自己征服一切困难的力量
北京理工大学出版社

·优秀员工的必读书·
契约
做一个有
契约精神
的员工
张建华著
How to Be a Trusted Employee
北京理工大学出版社

刘锋 辛月著
有钱人跟你
做的不一样
决定你一生穷富的45条铁律
北京理工大学出版社

孙虹钢 编著
好员工
一定要学习
忠经
北京理工大学出版社

高建华 著
用欣赏的眼光
看待80后
让80后不再焦虑
让管理者不再纠结
北京理工大学出版社

Three days
Play MicroBlog
崔菲 编著
三天玩转
微博营销
微博时代已经来临，你准备好了吗？
个人如何玩转微博
企业如何玩转微博
明星如何玩转微博
公务员如何玩转微博
北京理工大学出版社

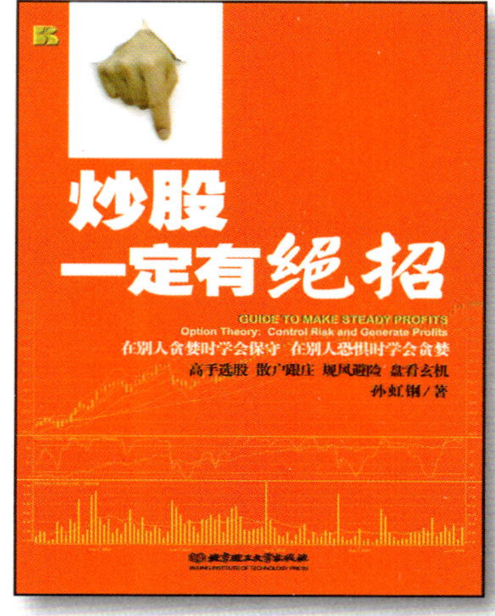
炒股
一定有绝招
GUIDE TO MAKE STEADY PROFITS
在别人贪婪时学会保守 在别人恐惧时学会贪婪
高手选股 散户跟庄 规风避险 盘看玄机
孙虹钢/著
北京理工大学出版社

最真实的职场教科书
掉进地窖里的驴子
THE DONKEY FELL INTO THE CELLA
张新松 著
●求职者的导师 ●打工者的灯塔 ●管理者的知音
剖析真实企业案例，倡导简约经营管理。
全方位的深度探索，解读13类职场困惑。
北京理工大学出版社

A LETTER BOSS SENDED TO YOU
老板给员工的一封信
严家明 吕国荣 著
一本所有员工的职业培训读本
反思自己的镜子，尽职工作的航标
老板送给员工最珍贵的礼物
培养最杰出的员工，打造最优秀的企业
北京理工大学出版社

培养积极情绪，改善不良情绪
情绪调节术
远离情绪怪圈 把握人生节奏
高 非 编著
emotion regulation TECHNIQUE
掌握做人的学问，处理好人际关系，做情绪的主人。
北京理工大学出版社

小雪 著
让男人体验"甜酸苦辣"才过瘾
女人征服了男人就征服了世界
北京理工大学出版社

选股就是看眼力
炒股就是比耐力
GUIDE TO MAKE STEADY PROFITS
Option Theory: Control Risk and Generate Profits
目光犀利看清隐蔽资产 平静心态保持头脑清醒
过早止盈是放弃自己的收益 追涨杀跌是最危险的投资方式
孙虹钢 / 著
北京理工大学出版社

早有钱可以成就事业，实现价值
早有钱可以周游世界，开阔眼界
早有钱可以扶危济困，弘扬美德
有钱要趁早
YOUQIAN YAO CHENZAO
林汶奎 著
北京理工大学出版社

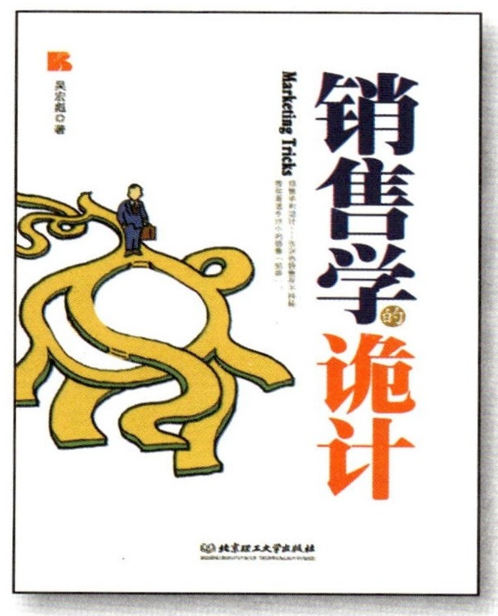

精细化管理——中国政府管理、